11,—

GEERT HOSTE
DAAROVER

Voor ma

GEERT HOSTE
DAAROVER

www.geerthoste.be
info over theatertournee
(+32) 016 589 769

Omslag: Veronique Puts/Vorm & Inhoud
Binnenwerk: Dominic Van Heupen/Aksent
© foto auteur: Evert Thiry

©2004 by The House of Books, Antwerpen/Vianen

ISBN 90 443 1003 8
NUR 372
D/2004/8899/17

Inhoud

Conference: 'Eén Man, Eén Stem'

Aan de vooravond van de verkiezingen voor het federale parlement zinspeelde ik, tijdens het verkiezingsdebat dat live werd uitgezonden op VTM, op een politieke versie van het tv-programma *Idool 2003*. In december van 2003 kondigde deze omroep aan dat zij inderdaad wilde beginnen met een dergelijke show. Jongens, het was een grap! Ik moet een beetje uitkijken met wat ik zeg!

Steeds vaker wordt mij gevraagd: 'Hoe doe je dat nu, Geert, zo'n conference schrijven?' Daarom staat hieronder de tekst van de verkiezingsconference 2003.

Deel 1: Inleiding voor het debat

Goedenavond, welkom bij het ultieme verkiezingsdebat van 2003! Normaal gesproken kleurt VTM je dag, maar zondag moet je zelf kleur bekennen... De voorbije maanden keek u op vrijdagavond naar *Pop Idool 2003*. Vanavond heet ik u welkom bij de finale van *Politiek Idool 2003*. Of beter nog: *Politiek Idool van 2003 tot 2007*. Want met de verkozenen moeten we het vier jaar uitzingen. Om u in de juiste stemming te brengen heeft VTM de kopstukken bij elkaar gebracht.
Nu ja, niet helemaal de kopstukken, want er zijn er een paar afgevallen... Geen Verhofstadt, geen De Clerck en geen Filip Dewinter... die moesten opeens iets anders doen... (*mime handen – 'ze knijpen m'*)

Maar goed, we hebben in elk geval zes BV's klaar staan. Vijf Bekende Voorzitters en één Bekende Vervanger. Ja, helaas, het zijn allemaal mannen. Dat is heel normaal want die kunnen beter netwerken. Die heb ik niet zelf bedacht... Die komt van Patrick Janssens.

Hoe kunnen we deze politici nu leren kennen in dit debat van een uur? Dat kunnen we niet! Die leren we helemaal niet kennen. Eigenlijk leer je bij *Big Brother*, *Idool 2003* en *Temptation Island* de kandidaten veel beter kennen dan tijdens een verkiezingscampagne. Zelfs bij een Miss België of Miss Belgian Beauty-verkiezing kom je veel meer te weten over de kandidaten. Daar kunnen de politieke partijen nog veel van leren. Maar voor ze die missverkiezingen gaan kopiëren: voor politici zou ik het badpakkendefilé laten vallen...

Het zou voor de democratie misschien beter zijn als we eerst alle politici gedurende een paar maanden in een container opsluiten zodat we eens goed met hen kennis kunnen maken. En dan de beste, knapste of meest geliefde via televoting kiezen... Maar dat we dan vooral, als we iemand beu zijn, hem of haar ook kunnen wegstemmen!

Mannen, het is vanavond het debat van de laatste kans, maak er een stevig showtje van, hé. Jullie hebben mogelijkheden genoeg gehad om amusant en grappig te zijn bij Bracke en Crabbé. Vanavond gaat het om de inhoud. Haal communiqués boven, roep, tier, stap verontwaardigd op... Het maakt me niet uit, het is allemaal goed voor de ambiance... Voor mijn part schuw je zelfs het fysieke geweld niet, dat is goed voor de kijkcijfers.

Bovendien, vanaf maandag kunnen jullie het weer goedmaken bij de coalitiebesprekingen.

Geen soft gedoe! De kijkers van deze zender kunnen wat hebben: ze hebben vorige week nog een hardrocker tot *Idool 2003* gekozen! Winnaar Peter Evrard zei het zelf: Vlaanderen heeft voor rock-'n-roll gekozen... En in dezelfde zin zei hij: 'En nu wil ik mijn schoonmoeder bedanken...'

Het verbaasde me niet dat Peter werd verkozen: hij is vloerder van beroep... en Belgen hebben een baksteen in de maag. Bovendien werd dit land vroeger geleid door een loodgieter. En de huidige regering is in elkaar gestoken door vrijmetselaars.

Ik stel voor dat we er onmiddellijk aan beginnen: de quizmasters van vanavond zijn Polspoel en Desmet. Zoals Patrick Dewael deze twee omschreef: den Baard en het Orakel. En hij heeft gelijk: twee journalisten uit de tijd dat een tv-gezicht nog geen mannequin moest zijn. Ze vormen op VTM zeker het tegenwicht voor de mooie omroepsters.

De eerste is een idool uit de *eighties*: De 'af en toe ex-sportjournalist' Guy Polspoel. Voor wie zich afvraagt wat een voormalig sportjournalist in een politiek programma doet, nog dit: sportjournalisten hebben oog voor detail, de esthetiek van de beweging, ze kunnen perfect de score bijhouden en weten vooral de spelregels uit te leggen. Bovendien: met Michel Verschueren van Anderlecht en Marc Wilmots die minister willen worden, Marc Herremans, Edwig Van Hooydonck, Jean-Marie Dedecker... kiezen steeds meer sporters voor een brugpensioen in de politiek. En dan zwijg ik nog over het politieke zwaargewicht uit Vilvoorde: Mike Verstraete...

De tweede moderator is een idool uit de *nineties*: Yves Desmet. Hij is niet alleen een van de architecten van paarsgroen, Yves Desmet is voor de huidige generatie machthebbers wat père Gilbert is voor de koninklijke familie. Af en toe moet hij eens op een boerderij gaan praten met moeilijke jongens.

Beide kardinalen hebben me toestemming gegeven om na hun hoogmis nog een sermoen te geven...

Dames en heren.
Dankzij deze mannen vindt men het normaal dat er voor journalisten wordt geapplaudiseerd. Polspoel en Desmet...

DEEL 2: *De eigenlijke conference*

Het was nogal een saaie campagne. Het kwam allemaal een beetje traag op gang. Best dat prins Laurent getrouwd is ondertussen, en dat er een oorlog in Irak geweest is en dat er vogelpest was...

We weten het inmiddels: als de kiekens met hele vrachtwagens naar het stort worden gebracht, dan is het zover! Dan zijn er verkiezingen.

De slogan van de sp.a is 'Politiek gaat over mensen...' Dat hebben de kippen in ons land ook wel door... Alles wat vloog werd vernietigd... behalve de zwevende kiezer.

Een paar miljoen kippen werden preventief geslacht en geen woord van protest... Agalev maakt het verschil? Daar heeft het pluimvee niet veel van gemerkt!

Behalve de duiven. Minister Tavernier trad op als een soort advocaat van de duiven... Man, die Tavernier is goed weggekomen. Ik zeg niet dat hij zijn werk slecht deed, maar hij had geluk dat die moordenaar van Pim Fortuyn achter slot en grendel zit...

Nee, het was een saaie campagne. Daar waren de Nederlanders dit keer toch beter in. Als je kijkt naar hun campagnes: Pim Fortuyn die doodgeschoten werd. Toch heeft die chique homo een erfenis nagelaten, want bij de kort daarop volgende verkiezingen maakte die socialist Wouter Bos furore met zijn lekker kontje. Wij moesten het doen met iemand die van zijn fiets sukkelt... met een raar mondje.

Ik mis op een debat als vanavond dan ook iemand als Abou Jah Jah. Hij had maar één verkiezingsthema: de oorlog in Irak moet stoppen. Nog voor dat ook maar iemand een stem op Abou kon uitbrengen was dat al gerealiseerd. Kijk, dat zet nu zoden aan de dijk.

Voor de 'oorlog in Irak' was Abou Jah Jah al tegen de 'oorlog in Irak'! Leg die zin maar eens uit op een taalcursus!

Maar goed, ik kan Jah Jah eigenlijk niet altijd volgen... Hij is tegen de oorlog in Irak, maar voor de oorlog in Borgerhout!

Hij gaat met de PVDA, de partij van de arbeiders, samen naar de verkiezingen, als RESIST. Het wordt dus weer zoals vroeger: AMADA! In plaats van Alle Macht Aan De Arbeiders, staat het nu voor Alle Macht Aan De Arabieren.

Want Abou Jah Jah is nogal een fanatiek manneke: het is meer *récist* dan Resist. Fysiek lijkt die jongen zelfs op Filip Dewinter.

Het is vreemd in ons land. In Antwerpen strijden ze straks gewoonweg voor de titel van grootste Racist. AEL tegen het Vlaams Blok.

Laat mij het maar meteen zeggen. Ik ga het cordon sanitaire doorbreken. Ik ben het beu: ik ga grappen maken over het Vlaams Blok.

En ik zal ze traag vertellen, zodat Vlaams Blok-stemmers ze ook snappen.

Weet u waarom het Vlaams Blok het 70-puntenplan heeft afgeschaft? Omdat er veel van hun kiezers niet zover kunnen tellen.

Het was tijdens de voorbije campagne wel opmerkelijk dat de Vlaams Blok-kopstukken opeens in alle tv-programma's opdoken. Ze waren plotseling overal! Frank Vanhecke, Filip Dewinter en Gerolf Ananas... De drie biggetjes van het Vlaams Blok...
Na de sp.a met z'n Teletubbies, krijgen we nu iets als de Telenazi's...

Het viel me ook op dat, naarmate ze vaker voor tv werden uitgenodigd, hun standpunten veel milder werden. Mocht de verkiezingscampagne twee weken langer duren, Frank Vanhecke zou stemplicht voor migranten eisen! Ik zeg nu niet dat hij de islam ooit zal toejuichen, maar hij stond het punt iets voor te stellen als bidmatje en hoofddoek fiscaal aftrekbaar maken. De West-Vlaamse textielindustrie zou er garen bij spinnen.

Hebt u gezien hoe ze handje in handje zaten samen met Bracke en Crabbé? Als het zo doorgaat zal de VLD ze nog vragen voor hun volgende homo-affiche!

De mannen van het Blok zijn veel softer geworden... Maar op de brochure van het Vlaams Blok staat een vrouw die haar rechterarm schuin opsteekt en het V-teken maakt. Wat wil dat zeggen? Een paar vingers willen we gerust inleveren?

Er zijn werkelijk mensen die geloven dat Dewinter heil kan brengen. Ik denk dat het net zo'n heil wordt als in Duitsland, in de jaren dertig van de vorige eeuw.

Men zegt dikwijls, dat het Vlaams Blok slapend rijk wordt. Maar eerlijk, het schiet toch niet op. Hoe lang proberen ze nu al aan de macht te komen? Twintig jaar? De Lijst Pim Fortuyn was drie maanden bezig en zat onmiddellijk in de regering.

Weinig sterkere campagnes gezien dan die van Fortuyn. *At your service!* Meer kon hij niet doen. Hij is gevallen voor het vaderland! Ik hoorde verschillende Nederlanders zeggen dat ze op 'Pimmetje' stemden juist omdat hij vermoord was! Misschien omdat hij toch geen kwaad meer kon doen.
Mocht ik Frank Vanhecke zijn, dan zou ik het dus wel weten. Mijnheer Vanhecke, ik lees hier en daar dat je soms ruzie maakt met Filip Dewinter. Ik wil hier nu niemand aanwijzen, en mij zeker niet met uw zaken bemoeien, maar Filip Dewinter vergeleek zichzelf met Pim Fortuyn...

Beeld je in dat Filip Dewinter en Annemans met de campagne-
autobus van het Blok in de staart van de file in Waasmunster
staan... en dan patat... aanrijding! Er knalt een Turkse camion
tegen! Dat zou nogal wat stemmen opleveren.

Maar ach, uiteindelijk zou het niet veel uitmaken voor de rest,
want als Dewinter verkozen is, gaat hij toch niet zetelen. Want
dat is vandaag de dag echt een modeverschijnsel bij die politici: weken campagne voeren met de vraag om op hen te stemmen. Maar als ze die zondag verkozen worden, zullen ze zich
laten vervangen door hun opvolgers.

Dat is naar een sollicitatiegesprek gaan en als je de job krijgt
iemand anders sturen. Ze maken ons lekker met een biefstuk
friet en ze brengen een pladijs.

Het gaat niet alleen om Stevaert, ook als je voor Dehaene of
Dewael stemt, zullen zij niet in het parlement gaan zitten. Rik
Daems doet dat helaas wel. Dat is dan weer jammer. Het is niet
zo dat als je voor Daems stemt, je er opeens een intelligente
vrouw voor in de plaats krijgt. Dat Armand Schreurs zich voordoet als iemand anders, dat weten we uit *Ochtendkuren*.

Voor de kiezer is er stemplicht... Maar ik vind: als je op iemand stemt en hij of zij wordt verkozen dan moet die verko-
zene ook zijn werk doen. Het is geen missverkiezing, hè? Dat
je kan zeggen: 'Ik wilde niet meedoen maar mijn moeder heeft
mij ingeschreven...'

Doe desnoods zoals Saddam Hoessein: werk met dubbelgangers, als je niet naar Brussel wilt. Van mij mogen ze populaire
politici zelfs klonen. Op die manier hoeven wij niet jaarlijks
naar de verkiezingen...

Dan zit Stevaert in Kamer, Senaat, Vlaams parlement en is hij
ook nog eens burgemeester, nationaal én federaal minister,
partijvoorzitter, cipier... Gelukkig is hij geen dierenarts ge-

worden! Ik zie hem al staan in een kippenkwekerij met 20.000 kippen: 'Zeg eens to-o-ok...'

Steve Stevaert heeft een boek geschreven! Enfin, het is een kookboek... Ik heb het nog niet gezien, maar Steve kennende, zal het wel geen *fast food* zijn... Wat een kerel. Hij had er niet op gerekend dat hij voorzitter zou worden van de sp.a. En hij is het geworden omdat er ruzie dreigde in zijn partij. Ik kon dat voorspellen. Ik wist al lang: als je Bert Anciaux binnenhaalt, rollen de leden van je partij binnen de maand vechtend over de straat. Anciaux was nog geen drie maanden bij de sp.a of ze mochten al een nieuwe voorzitter zoeken.

Zou Louis Tobback blij zijn met de komst van Anciaux op de lijst? Misschien nu net wel, dan heeft hij iemand om te pesten...

Brave Bert. Wat heeft hij te zoeken bij de socialisten? De sossen hebben in de geschiedenis hun grootste successen geboekt op momenten dat ze zeiden: 'We gaan de rest op hun bakkes slaan!' En nu moeten ze het hebben van mensen als Anciaux, die al beginnen te huilen als ze een puistje moeten uitpitsen?

Ach, het is niet eerlijk van mij: we hebben Bertje de voorbije twee maanden niet één keer zien huilen. Hij lijkt zijn eigen tranendal te hebben ingedijkt. Hij kan nogal een overstroming stelpen! Hij mag voor mijn part minister van Waterwerken worden. Allez, toch voor een paar maanden, tot hij het niet meer ziet zitten.

Zou hij gehuild hebben op den trouw van Laurent? Daar zat heel het land met een vochtprobleem... Het land vocht tegen vocht.

Die père Gilbert heeft ook het warme water uitgevonden. Hoe père Gilbert de mensen kon doen geloven dat alles in orde komt als je een wit lint aan een boom hangt! Het is eens iets anders dan een rozenkransje bidden. En dan nog. We hebben

een heel wit bos. Dat is een lint van Antwerpen naar Brussel. En het komt nog niet goed in ons land.

Het enige wat dit witte lint heeft opgeleverd, is dat veertien dagen na de preek Astrid haar dochter Laetitia liet dopen. Hopelijk wordt het geen trend. Als prins Filip straks weer een dochter krijgt, noemt hij haar nog Sabine!

Maar die Guy Gilbert maakte zo veel indruk, dat opeens alle partijen een priester of een non op de lijst hebben! CD&V heeft zuster Monica. Sp.a heeft de rode bidder Staf Nimmegeers. En de VLD Johan Van Hecke.

De laatste keer dat we Van Hecke hebben gehoord, was tijdens die afgeluisterde GSM-whisky-babbel tussen De Gucht en Van Hecke enerzijds en Stefaan De Clerck anderzijds. Jammer dat er toen, twee jaar geleden, nog geen MMS bestond, dan hadden we foto's gehad. Proximus brengt mensen dichterbij... Daar is het in elk geval niet gelukt...

De grote vernieuwer van de CD&V, Stefaan De Clerck wist niet hoe hij met een GSM moest omgaan! De Clerck had zijn telefoon open laten liggen. Later heb ik daar nooit meer iets van gehoord. Nee, Stefaan zal zich dat geen tweede keer laten gebeuren. Zeker nadat hij de factuur van Belgacom had bekeken.

Stefaan De Clerck. Mijn hart smelt als ik hem bezig zie en hoor. Je weet dat hij het allemaal goed bedoelt, maar het kijken naar die man maakt je al onzeker. Zo besluiteloos als een startende neonlamp. Ik denk dat hij op een enquêteformulier diegene is, die 'geen mening' aanduidt. Bij Dehaene was het 'geen commentaar', bij De Clerck is het 'geen mening'!

Ik moet nog altijd denken aan die beelden, toen hij aankondigde dat CD&V ging verjongen en dat er meer vrouwen in de partij zouden komen. 's Anderdaags werd bekend dat zuster Monica op de lijst zou staan! Zuster Monica was wel een verrassing. Ik

kende die vrouw niet. Ik dacht eerst Monica: dat is een inspire-
rende naam. Ik bewaar goede herinneringen aan die Monica van
Clinton. Maar ik heb haar inmiddels ontmoet en ik moet zeggen
dat de kans zeer klein is dat we ooit druppeltjes op haar kleedje
gaan vinden. Of het zou van kaarsvet moeten zijn.

CD&V wilde vernieuwen: Dehaene en Eyskens doen zelfs opnieuw mee. De christen-democraten recycleren meer dan de
groenen!

Agalev. Het ziet er niet zo goed uit volgens de peilingen. Dat
komt natuurlijk doordat de politici inmiddels kritischer zijn
voor de groenen dan voor het Vlaams Blok. Iedereen kapt op
de groenen... en kappen dat kunnen de groenen nu net niet
hebben. Ik weet wat er ontbreekt aan die partij: de X-factor.
De groenen hebben eerder last van een te hoge niks-factor.

De foto gezien met die zes vrouwelijke lijsttrekkers van Agalev?
Als het Vlaams Blok aan de macht komt in ons land, zal het de
Agalev-vrouwen nog verplichten een hoofddoekje te dragen. Ik
heb een modetip voor de Agalev-dames: de groene burka.

Agalev heeft als slogan: 'Wij maken het verschil...' Maar het zijn
allemaal dezelfden die op de affiche staan! Toen ik die affiche
zag, dacht ik: is dat nu het alternatief voor kernenergie? *Girl-
power!* We hebben gezien waartoe die groene vrouwen in staat
zijn: hoogspanning! En af en toe slaan zelfs de stoppen door...
Agalev zou beter op de energiemarkt springen nu die vrij is.

Verhofstadt heeft vier jaar geprobeerd om van ons land een
modelstaat te maken en ik moet zeggen: het lijkt hem aardig
gelukt. Nog nooit hebben zoveel modellen meegedaan aan de
verkiezingen... Zelfs bij het Blok pakken ze nu uit met een
model! Anke Vandermeersch, de blonde van Vlaanderen. De
enige Miss die zelfs van VTM nooit een aanbieding gekregen
heeft! De enige die haar ooit een programma heeft aangebo-
den, is het Vlaams Blok.

Deze parlementsverkiezingen worden een *Battle of the Babes*! Het Blok met Anke VDM. De CD&V met Inge Vervotte. De sp.a pakt uit met Freya Van den Bossche. En de VLD met Margriet Hermans en Annemie Neyts. Jammer voor de N-VA dat Capiau niet verder is gegaan met zijn campagne.

Het was even groot nieuws toen Capiau opdook bij N-VA. Maar Walter Capiau is snel gestopt met politiek omdat hij hartproblemen heeft. Als hartproblemen werkelijk een reden zijn om niet aan politiek te doen, hadden we nooit Wilfried Martens gekend!

Ik weet hoe het kwam. Capiau heeft zich geout. En wat bleek: hij heeft niet alleen een vriend, maar daarbovenop nog een handvol vriendinnen! Dat is om hartproblemen vragen!

De 65-jarige Capiau had voor warmte en humor moeten zorgen bij de N-VA. Ik vreesde nog even dat hij voor verjonging moest zorgen.

Warmte en humor bij de N-VA? Dat kunnen ze daar inderdaad wel gebruiken. Bij Geert Bourgeois zijn die eigenschappen niet zo sterk ontwikkeld. Hij heeft een goeie voornaam, hij zit goed in 't pak en is onkreukbaar. Ik denk dat hij zelfs zijn handen wast vóór hij naar het toilet gaat! Maar hij is een sprekende frigo! Bourgeois heeft het charisma van een Zanussi!

Het verbaasde me daarom niet dat die N-VA rijkswachter Van Keer voor wat warmte naar de meisjes van plezier moest. Heel die rel is gekoeld zonder blazen. Naar de hoeren, dat is een grensgeval, maar wat voor Bourgeois helemaal niet kan, dat is een politicus die deelneemt aan een tv-quiz! Om op dat vlak zeker te spelen heeft Bourgeois een dove mevrouw, Helga Stevens uit Gent, op de lijst gezet. Want én vrouw én gehandicapt, daarmee kom je zeker niet in een tv-spelletje...

Maar het grote probleem voor de N-VA is de kiesdrempel...
Haalt Bourgeois vijf procent van de stemmen?
Het zal erom spannen. Dat is het grote verschil met die andere kleine partijen. Die halen die vijf procent zeker niet. Ward Beysen, die haalde zelfs op de lagere school al geen vijf procent. Wat zijn hersenen betreft: dat is garnalenwerk. Ward Beysen stond helemaal achterin de rij toen er hersenen uitgedeeld werden. Het is trouwens daar, dat hij Filip Dewinter ontmoet heeft.

Wat zijn nu eigenlijk de politieke ideeën van zo'n man? Vroeger wilde Beysen vooral meer blauw op straat, maar eigenlijk wilde hij meer blauw in de VLD. Uiteindelijk komt het er gewoon op neer dat Ward volgens zijn politieke vrienden niet voldoende capaciteiten heeft om verantwoordelijkheid te dragen. En dat wil wat zeggen in ons land! Het Liberaal Appel is een verzameling van Boze Blauwen, die het Verhofstadt kwalijk nemen dat zij geen echte mandaten hebben gekregen of zullen krijgen. Nu kan je Guy veel verwijten, maar niet dat hij Ward Beysen geen verantwoordelijkheden gunt.

Guy VRHFSTDT. De eerste keer dat ik zo'n affiche zag, dacht ik: VRHFSTDT, dat is Guy helemaal zonder tanden. Jammer dat Capiau niet in de politiek is gegaan. Ik hoor Verhofstadt al: 'Ik ga een klinker kopen, Walter.'

VRHFSTDT, dat klinkt nog, maar KRL DGCHT klinkt als een mestkever. Als je het luidop uitspreekt, is het alsof je een kakkerlak hoort!

Er hingen ook affiches met MRC VRWLGHN. Om dichter bij het volk te komen is Verwilghen in Knokke gaan wonen. Zijn grootste prestatie is dat onder hem Dutroux tenminste niet ontsnapt is. Naar ik vermoed, is dat niet voldoende om met je volledige naam vermeld te worden.

Nee, de VLD had niet alleen geen grote thema's bij deze verkiezingen, op sommige affiches stonden zelfs geen klinkers!

Het is me nooit duidelijk geworden wat ze nu bij de VLD wilden met al hun affiches. Eerlijk gezegd, ik snapte die affiches zelf ook niet. Ook niet die met die soort Sint-Christoffel... een naakte man met een naakt kind op zijn schouders. Is dat om te compenseren dat Verwilghen de kruisbeelden uit de rechtbanken heeft laten halen?

Verwilghen werd de vorige keer verkozen door de affaire-Dutroux. Begonnen als witte ridder, geëindigd als blanco pagina.

Verhofstadt zelf pakt groots uit met: 'In dit land kan je weer jezelf zijn.' Dat is de slogan van de man die zijn neus nog niet durft te snuiten zonder advies van Noël Slangen.

Ik hou altijd mijn hart vast als Verhofstadt reclame gaat maken. De laatste keer dat hij reclame maakte, was het om Amerikaanse bedrijven naar België te laten komen. Dat spotje met die golfbal! De week daarop zijn de Amerikanen naar Irak getrokken. Het scheelde maar een haar of Bush dacht dat België een van de golfstaten was.

In deze parlementsverkiezingen draait het eigenlijk slechts om één vraag: wordt Guy weer premier of niet? De liberalen raden ons zelfs aan dat we moeten 'durven vernieuwen'. Dat is hun slogan. Maar moeten we dan nu voor de VLD stemmen of niet? Ik dacht dat Verhofstadt baas wilde blijven!

De zwaarste concurrentie daarbij komt van Louis Michel die werkelijk overal de show steelt. Hij heeft de voorbije vier jaar meer landen bezocht dan de paus in heel zijn carrière! Het scheelde bijna niets of hij zou meegevlogen zijn met Frank De Winne.

Als hij niet genoeg opvalt, valt hij gewoonweg flauw. In een interview met Louis las ik dat hij elke morgen om vijf uur opstaat! Die man moet oververmoeid zijn. Hij valt niet flauw, maar in slaap!

Louis Michel beweerde ook dat hij alle dagen naar Verhofstadt belt... Om halfzeven 's morgens. Alle dagen naar een collega bellen om halfzeven in de vroege ochtend? Dat is een stalker! Michel moet daarmee stoppen: ik wil goddomme een uitgeslapen premier... Het verbaast me niet dat Verhofstadt er soms een hutsepot van maakt en zelfs niet meer weet of hij liever premier blijft, dan wel naar Europa vertrekt.

Toch heeft Verhofstadt al geschiedenis geschreven. Ik weet niet hoe hij herinnerd zal worden. Maar voor mij is hij er in elk geval in geslaagd het onmogelijke te realiseren. Guy is erin geslaagd om Filip en Laurent van de straat te krijgen en dat is niet niets.

Bovendien is er opeens, dat wil zeggen sinds Guy aan de macht is, een babyboom in het paleis. Onder zijn bewind hebben niet alleen Filip en Astrid, maar zelfs Albert er een kind bij gekregen! Dat belooft voor nog eens een periode Verhofstadt. Want hoe je het ook draait of keert, de vraag voor deze verkiezingen is: wordt het weer Verhofstadt of niet?
To Guy or not to Guy that's the question!

Ik heb daar een liedje over gemaakt. Dat ik tot slot van deze conference zou willen zingen. En vermits ik me toch een beetje wil aanpassen aan het VTM-publiek heb ik gekozen voor een parodie op het lied *Chérie* van het boegbeeld van de zender: Eddy Wally.

't Is Guy, 't is Guy
of Stefaan of Johan Vande Lanotte
't is Guy, 't is Guy
of zuster Monica of Inge Vervotte

't is Guy, 't is Guy
of grijpt Louis, Steve of Elio de macht?
't is Guy, of Guy nie'
dat weet u zondag, rond een uur of acht...

Polspoel en Desmet stonden voor de micro
De voorzitters waren van de partij
Ik speel met mijn orgel een Tango
En u zingt luidop met mij:

't is Guy, 't is Guy (onvoorstelbaar)
of Stefaan of Johan Vande Lanotte
't is Guy, 't is Guy
of zuster Monica of Inge Vervotte

't is Guy, 't is Guy
of grijpt Louis, Steve of Elio de macht?
't is Guy, of Guy nie'
dat weet u zondag, rond een uur of acht...

Ik zou willen afsluiten met een parafrasering van Guy. Niet Guy Verhofstadt, maar Guy Gilbert. Iets uit zijn speech over de liefde... 'Alle mensen hier aanwezig weten het, hoe groot uw macht, hoe groot uw rijkdom, je bent niets als je... zondag niet genoeg stemmen haalt'

Daarover 1

Goed nieuws! Siamese tweelingen gaan vandaag de dag gemakkelijker uit elkaar dan hun ouders.

In Zeebrugge is een **vruchtensapfabriek** geopend. Krijgen we nu flesjes met geperste zeevruchten?

3 Suisses ontslaat **1 op de 4** werknemers. 3 Suisses. De naam zegt het eigenlijk al.
In totaal ontslaat 3 Suisses 120 man. Dat is dan 40 man per Suisse.

Straks wordt **SARS** nog verspreid door al die deskundigen die de wereld rondtrekken om deze ziekte te bestrijden.

Het wachten is op een partij die de staat aanklaagt omdat de stembusuitslag te veel afwijkt van wat **de opiniepeilingen** voorspelden.

Natuurlijk houden **politieke partijen** zich niet aan hun beloften. Wat zouden ze de kiezers anders bij de volgende verkiezingen moeten beloven?

Interview.'En wat gaat u doen als **NAR**?'
'Narigheid uithalen.'

Mooi nieuw woord: **afvaltoerisme**. Toen ik het hoorde, dacht ik dat het ging om mensen die vliegtuigtickets tegen dumpingprijzen kochten. Dat klopt niet. Het gaat om toeristen die naar een andere gemeente 'reizen' om hun afval stiekem te storten op de openbare weg. Ik hoor ze al zingen op de bus: 'Wij reizen om te storten!'

Père Gilbert heeft nog altijd zijn kameel niet gekregen van Laurent. Misschien moet Laurent eerst nog **EEN KEMEL SCHIETEN** voordat hij hem kan leveren.

Het eerste wat Danneels zou moeten doen, als hij **paus** zou worden, is Kim Clijsters heilig verklaren.

Ex-minister Tavernier opnieuw minister. Jef Revenir.

Henin en Clijsters zijn nu allebei **RIDDER**. Is het nu de bedoeling dat ze elkaar met zwaarden te lijf gaan in plaats van met tennisballen?

De muur van Jeruzalem.
Hebben de Palestijnen tenminste ook eens een **klaagmuur**.

LAURENT STAPT IN HET HUWELIJKSBOOTJE

Het huwelijk van prins Laurent met Claire werd jammer genoeg niet met dezelfde pracht en praal in beeld gebracht als dat van zijn grote broer.

Het was in volle Irak-crisis en koning Albert II had opgeroepen geen feestbeelden van het huwelijk uit te zenden. Hij wilde zijn onderdanen niet op verkeerde ideeën brengen. De paleizen van Saddam waren pas bestormd door de bevolking en onze koning herinnerde zich nog hoe de kerk werd geplunderd na het huwelijk van Filip en Mathilde. En hoe het adellijke rapaille er met bloemen, kaarsen en andere historische huwelijksparafernalia vandoor ging.

Albert, Filip én Laurent waren daarom op het ergste voorbereid: ze droegen alle drie hun legeruniform. Ik hoor Albert 's morgens al zijn bevelen geven aan zijn zonen: 'Laurent, jij doet jouw uniform aan van onze eigen Koninklijke Marine!' En Laurent lachend: 'Omdat ik in het huwelijksbootje stap, zeker?'

Albert ernstig: 'Nee, maar we houden zo wel de plunderaars op afstand...' Je zag dat ze 'hun spullen' desnoods met geweld zouden verdedigen. Maar waarom droegen ze dan uitsluitend een sabel aan hun gordel? Terwijl we in de hele wereld naam maken met onze hoogtechnologische wapens en België pistolen verkoopt aan Jan en klein Pierke, loopt onze eigenste koninklijke familie nog rond met oude sabels!

Ik kan het niet helpen, maar als ik Albert met zijn sabel zie, moet ik denken aan die beelden van Saddam Hoessein die met zijn luchtkarabijn in de (het woord zegt het al) lucht staat te schieten van op zijn balkon.

De onderdanen werden bij het huwelijk van Laurent een beetje buitengesloten. We mochten enkel de trouwmis volgen. Eerlijk gezegd had ik wel een stuntje verwacht van Laurent. Bijvoorbeeld zijn honden mee in de kerk. Plechtig aan de leiband van een lakei over de rode loper de kerk binnengebracht. Zoals op de begrafenis van Pim Fortuyn.

Helaas, niets daarvan. De show werd gestolen door Guy. Niet de Belgische premier maar de Franse priester Guy Gilbert. Tijdens de ontelbare heruitzendingen in het kader van 50 jaar Vlaamse televisie heb ik gezien dat er in een Vlaamse soap altijd een pastoor moet zitten. Hier was het niet anders.

Een beetje merkwaardig dat Guy Gilbert een Franse priester was. Waarom moesten we voor dit huwelijk een priester uit het buitenland halen? Zou het hof gedacht hebben: bijna alle Belgische priesters zijn de voorbije jaren op een of andere manier negatief in het nieuws gekomen, laten we geen risico nemen?

HET KIEKEN HEEFT HET NEST VERLATEN

Toffe peer die Guy Gilbert. Hij mocht het gastoptreden verzorgen naast kardinaal Danneels. Om geen fouten te maken, had hij de naam van de trouwers in zijn hand geschreven! Alsof hij nog vier missen moest doen die dag.

Gilbert gaf meer kleur aan de koninklijke familie dan die tien miljoen knalgroene kevers aan het plafond van het kasteel van Laken. Met zijn cowboylaarzen, zijn zilveren ringen en zijn lederen jack. Alsof iedereen begreep dat het hier om een nummertje nostalgische retro ging, werd deze katholieke grijsaard een 'rock-'n-roll-pastoor' genoemd. Het zou mij niks verbaasd hebben als hij tijdens de eucharistieviering spontaan een sigaret had opgestoken: '*Teer*beminde gelovigen...'

Die priester was zo progressief, hij zou zelfs instemmen met abortus bij gehuwde homo's, waarvan er één euthanasie heeft gepleegd en de ander daarom geen alleenstaande ouder wil worden! Je kan je nauwelijks voorstellen dat hij in dezelfde God gelooft als kardinaal Joos. Dat moet ook voor die God heel verwarrend zijn.

Ik vraag mij af of de koninklijke familie het zich achteraf niet beklaagd heeft dat ze die kerel uitgenodigd hebben. Hij noemde Laurent een 'kuiken dat het nest verliet'. Bovendien sprak hij in het openbaar onze koning en koningin aan met 'Albert et Paola' alsof het 'Jean-Marie en Carmen' waren! Of Eddy en Marietje Wally. En dan te bedenken dat zelfs Marietje het nooit over Eddy heeft, maar altijd over Eddy Wally.

Na het huwelijk stond er in de kranten dat die priester een tipje van de sluier had gelicht. Volgens mij had hij het hele donsdeken van het bed getrokken! We weten zo langzaam aan meer van onze koninklijke familie dan van de Pfaffs, de Wally's en de Planckaerts samen! Die hele dienst had meer iets van een sessie gezinstherapie.

Er werd serieus uit de biecht geklapt! Albert was op van de zenuwen: ik heb hem nog nooit zo stil zien zitten. Hij zat stil van de schrik! Je zag op tv hoe Paola tijdens een van die uitvallen van Guy Gilbert de hand van Albert pakte. De reporter gaf als achtergrondcommentaar mee dat het om een teken van liefde ging van de koningin jegens haar man. Hoe weet die reporter dat? Het leek er meer op dat ze hem wilde vasthouden om te voorkomen dat hij zou weglopen!

Je kunt wel vaststellen dat onze koning echt geen macht heeft, anders was Gilbert in een kerker gesmeten na de 'voorstelling'. Het is de traditie in ons land dat er bij een trouwfeest eens een woordje 'geplaceerd' wordt en dat de trouwers in hun hemd gezet worden. Zoiets is dikwijls een gênante bedoening waarbij je tenen gaan krullen van schaamte, maar door de zenuwen en uit beleefdheid wordt er meestal gelachen. Bij de trouw van Laurent zat de hele kerk te huilen! Wat een slagveld! En die priester maar zout strooien in de gezinswonden.

Het leek wel op een Franse wraak voor de Guldensporenslag! Iedereen was danig in de weer met zijn zakdoek, ik dacht even dat het SARS-virus had toegeslagen.

Opmerkelijk genoeg had de paus dit jaar laten weten dat er niet meer gelachen en geapplaudisseerd mag worden in de kerk. De oh zo progressieve (!) Guy Gilbert heeft zich heel keurig aan die saaie richtlijnen van het Vaticaan gehouden. Er werd tijdens deze trouwmis meer gehuild en minder geapplaudisseerd dan bij de begrafenis van Boudewijn.

PENDELEN TUSSEN ALTAAR EN KRAAMBED

Je kan veel zeggen over Verhofstadt en zijn wilde plannen, maar hij is er toch maar mooi in geslaagd om iets onmogelijks te realiseren. Want geef toe: in nog geen vier jaar tijd is zowel Laurent als Filip getrouwd! En allebei vader. Wie had dat ooit gedacht? Logisch dat Verhofstadt denkt dat hij wonderen kan verrichten! Bovendien gaat er geen kwartaal voorbij of Albert heeft er een kleinkind bij! Het is de laatste jaren pendelen tussen altaar en kraambed.

Er was een tijd dat als je hoorde dat er iemand van het paleis naar het ziekenhuis was gebracht, je kaarsen begon te branden en een paternoster bovenhaalde. Je was al blij als ze in staat waren om op eigen benen weer naar buiten te wandelen. Maar wanneer ze nu met twee binnengaan komen ze overmorgen met drie naar buiten!

Ik weet niet waar ze het plots vandaan hebben. Komt het door de warmte? Is dit het broeikaseffect? In elk geval, in het paleis regent het verlovingen, huwelijken, jubilea en baby's. Statistisch gezien is het haast onmogelijk, zoveel geluk in één gezin.

De fans van de koninklijke familie zijn inmiddels een vermogen kwijt aan geschenken. In Laken kunnen ze de cadeaus niet snel genoeg uitpakken. Geen wonder dat die mensen geen tijd hebben om Nederlands te leren.

Waar is de tijd van *Le Roi Triste*? In de volksmond heette het dat Fabiola de domper op de feestvreugde was, maar dat klopt niet! Het moet prinses Liliane geweest zijn. Sinds zij begraven is, is het hek van de dam. Zelfs prins Karel heeft dit jaar postuum nog een dochter gekregen!
In plaats van koninkrijk België is het bijna kinderrijk België.

Uit onderzoek blijkt dat de Belgen 136 keer per jaar vrijen. De koninklijke familie neemt daarvan de helft voor haar rekening. Wat een vruchtbaar clubje! Nog even en zij ontvangen zelfs meer kindergeld dan dotatie.

Was onder Boudewijn het motto 'Deelnemen is belangrijker dan winnen', onder Albert is het eerder 'Alle dagen prijs'. We moeten blij zijn dat die jongens pas op latere leeftijd getrouwd zijn, anders had Albert al dertig kleinkinderen!

Als die kerels in dit tempo verder blijven 'doen', zitten er over een paar jaar meer prinsen en prinsessen op de tribune bij het defilé op 21 juli dan dat er soldaten voorbij marcheren. Tenzij zij zelf mee opstappen, natuurlijk...

Blijde Boodschappen

Ik herinner mij een interview met prins Filip waarin hij vertelde dat hij zoveel kon leren van kinderen. Omgekeerd is dat iets minder, vrees ik...

Zou Filip zelf wel eens voor zijn kinderen zorgen? Ik denk het wel. Wat moet hij anders doen? Hij lijkt mij bovendien een moderne vader. Maar hoe zou dat eraan toegaan ten huize van Filip en Mathilde? Ik zie Filip al staan in de keuken, bij de microgolf met een potje Olvarit-Royal met kreeft. Voor het aanrecht om een Betterfood te beleggen met kaviaar en een Vitabis met ganzenlever. Of een papfles vullend met heerlijk parelende Laurent-Perrier. Ik hoop het. Want ze moeten die kleine wel wat wereldvreemd houden, anders krijgen zij nooit de allure van een Belgisch staatshoofd.

En zou Mathilde zelf wel eens blijde boodschappen doen? Met uitgeknipte bonnetjes om een korting te krijgen? 'Filip? Neem jij de Vlaamse gazetten mee, voor de goedkope boeken, dvd's en video's?' Hoe zou zij trouwens aan Filip verteld hebben dat ze opnieuw zwanger was?

MATHILDE: 'Bon Filip, het is weer zover!'
FILIP: 'Wat is er zover? Waar ga je naartoe? Luxemburg?'

MATHILDE: 'Nee, Filip, ik ben zwanger!'
FILIP: 'Zwanger? Van wie nu weer?'

MATHILDE: 'Van Gabriël!'
FILIP: 'Wie is dat nu weer, ken ik die?'

MATHILDE: 'Ja! Gabriël, dat is die engel die uit de lucht kwam gevallen!'
FILIP: 'Aha, een paracommando?'

MATHILDE: 'Niet met een parachute, maar met vleugels...'
FILIP: 'Een Red Bull...'

MATHILDE: 'Nee, nee, nee, we gaan een kindje kopen.'
FILIP: 'We hebben er toch al eentje?'

MATHILDE: 'Ja maar, we gaan dit keer een zoontje krijgen en
we gaan dat kereltje Gabriël noemen.'
FILIP: 'Ah, zeg dat toch meteen. Gij kunt een mens laten
schrikken Mathilde! Toch vind ik het gek.'

MATHILDE: 'Waarom?'
FILIP: 'Nu ja, we hebben veilig gevreeën, met de gordijnen
en de deur dicht. Niemand kon ons zien of horen.'

Wat er ook gebeurd is, ze hebben hun zoontje getoond aan de
wereld. Filip vertelde de pers dat Mathilde en hij voor de naam
Gabriël hadden gekozen omdat het een lekker korte naam was!
Ja, in vergelijking met Laetitia Maria, de allerjongste van prinses Astrid heeft hij wel gelijk, maar is Gabriël een korte naam?

An en Jan, dat zijn korte namen. Ook Laurent, Albert, Filip en
Astrid zijn relatief korte namen met twee lettergrepen. En in
zekere zin is Jean Paul ook kort, maar met twee lettergrepen.
Maar Ga-bri-el is even lang als chihuahua of Jean Paul II.

Gabriël. In werkelijkheid wordt dat in het paleis uitgesproken
als Kabriël. En in West-Vlaanderen al snel als prins Habriël!
Prins Habriël de broere van prinses Helisabeth.

Hoe zou Filip het blijde nieuws aan zijn vader verteld hebben?
'Papa, we gaan een zoon krijgen en we noemen hem Gabriël!'
'Hoe schrijf je dat, Filip?'
'Dat is simpel, papa. Met zo'n letter 'e' met twee puntjes op,
zoals Boël!'

'En in het Nederlands?'
'Dat weet ik nog niet. Mathilde?'
Mathilde: 'Et pour les Flamands? La même chose!'

Negen maanden voor Christus

Ondanks het feit dat Filip sinds de geboorte van Elisabeth zelf dokter geworden is, was hij behoorlijk ondersteboven van de bevalling van Gabriël. Heeft hij het normaal al moeilijk om welbespraakt over te komen, als hij moet improviseren is het helemaal verwarring troef. Wat stond hij weer op aandoenlijke wijze onzin uit te kramen in dat hospitaal. Het gaf extra betekenis aan het begrip kraamkliniek... Ik kan haast niet wachten tot hij koning is en de kerstboodschap moet brengen.

Zo zei hij over Gabriël: 'Hij lijkt op zijn oudste zuster...' Het is dat we Filip inmiddels kennen en hem alles vergeven, maar anders zou een mens durven vermoeden dat Gaby'tje een paar zussen heeft. Mocht Albert dat indertijd gezegd hebben bij de geboorte van Laurent, dan was het land te klein geweest.

Filip vervolgde stralend toen hij zijn oudste en tevens jongste zoontje beschreef: 'Gabriël heeft grote handen en grote voeten...' Dat is toch geen compliment voor zo'n kindje? Nog een geluk dat Filip er niet aan toevoegde: '...en lange vingers.'

Je moet je voorstellen dat premier Verhofstadt op kraambezoek gaat en dan boven dat wiegje begint: 'Gabriël, wat heb jij grote handen en voeten!' Gabriël zal dan ook wel denken: 'Guy, breek me de bek niet open!'

Hij heeft dus grote handen en voeten en lijkt op zijn zuster. Maar wat kun je daarmee als prins? Het zijn gaven om in *Big Brother* als transseksueel aan de bak te komen. Ik hoop dat Gabriël niet jaloers wordt op zijn zusje. Want zij zal alles krijgen: de troon, de kroon en alle aandacht. Maar hij? Hij zal altijd de tweede viool moeten blijven spelen. Zoals zijn nonkel Laurent. Het enige wat hij wel kan worden, en zij niet, is misdienaar...

Maar voorlopig hoeven we ons daar nog geen zorgen over te maken en kunnen we onbeschaamd blij zijn als er een nieuw kindje geboren wordt. En zeker als dat een prinsje is.

Prins Filip en Mathilde hadden om religieuze redenen gekozen voor de voornaam Gabriël. Voor de niet-religieuzen heb ik het eens opgezocht: die engel Gabriël, naar wie de kleine is vernoemd, is wat we kunnen noemen 'gene gewone'.

Hij komt niet veel buiten, maar als hij langskomt met een berichtje, zit het er niet naast. Zo is het de engel Gabriël geweest die aan Mohammed de koran heeft gedicteerd! Dat is toch niet niks! Dat wist ik niet. Ik dacht dat ze de naam Gabriël om een andere reden hadden gekozen. Een haast kuise reden. Want ik kende die engel Gabriël vooral als degene, die aan de maagd Maria meedeelde dat ze zonder te vrijen zwanger was geworden. Ik denk dat het vooral om die reden is dat ze die voornaam hebben gekozen in Laken...

Gabriël is in zekere zin de patroonheilige van de in-vitrofertilisatie en het klonen. Dat blijkt pas nu die technieken bestaan. Het hele Nieuwe Testament was gewoon zijn tijd vooruit. We spreken hier over negen maanden voor Christus!

DE KONINGSWENS

Het beeld dat me lang zal bijblijven van de geboorte van prins Gabriël, was dat van een peinzende prins Filip, aan wie de journalisten vroegen of er voor hem nu een koningswens was uitgekomen. Hij antwoordde letterlijk: 'Ze zeggen dat. Ja, ze zeggen dat.' Maar je zag hem denken: 'Je zou eens moeten weten wat dat is. Een koningswens. Je zou eens moeten weten wat dat is.' Wat hij ongeveer dacht op dat moment heb ik neergeschreven in onderstaand slotrijm van mijn theaterprogramma *Hard* (ook verkrijgbaar op dvd!).

Is dat een koningswens, een meisje en een jongen?
Ja, daar is veel over geschreven en gezongen,
maar voor een kroonprins is dat anders dan voor een gewoon mens:
hoe geef je inhoud aan het begrip koningswens?

Richard III wenste in plaats van een koninkrijk een paard.
Voor Antwerpse politici en ambtenaren is dat een Visa-kaart.
Koning auto, die wil geen file én een goeie parkeerplaats.
Koning Albert schepte vreugd in het berijden van de scheve schaats.

Ook de koning van het Vlaamse Lied heeft het over chérie en amour,
maar voor King Lance Armstrong is dat een zesde tour.

Voor paars II is dat 200.000 banen.
Een drag queen wenst nooit meer problemen met de geslachtsorganen.

Voor Isabelle Durant waren dat reflecterende nummerborden.
Maar een kroonprins heeft maar één wens:
ik wil koning worden!

Wereldkampioenschap luchtgitaar

Ik ben altijd blij als ik Bart Somers op tv zie, de lachende reuzen-kleuter! Hoe zou zijn sollicitatie bij Verhofstadt gegaan zijn, toen hij kwam hengelen naar het Vlaamse politieke leiderschap?
'Zeg Bart, heb je zotte plannen?'
'Ja, meneer Guy, ik wil de Olympische Spelen naar Vlaanderen halen...'
'Aangenomen!'

Hij heeft helemaal niet het gezicht van een premier. Hij heeft meer iets van de zoon van een Noord-Koreaanse leider. En de daarbij horende waanzinnige plannen. Nog even wachten en hij wil een Vlaamse atoombom!

Maar wat hij zeker heeft, is een cool kapsel. Keinijg! Mega! Als hij zegt: 'Geen haar op mijn hoofd dat eraan denkt', dan maakt dat meer indruk dan wanneer ik dat zeg. Ja, het is niet eerlijk verdeeld in de wereld.

Tijdens mijn theatertournee *Geert Hoste Hard* hoorde ik mi-nister-president Bart Somers eerst in *Ter Zake*, daarna tijdens *De Laatste Show* en uiteindelijk tijdens het VTM-nieuws ver-tellen dat hij zijn haren had laten knippen omdat ik grappen maakte over zijn kapsel. Het is natuurlijk niet de bedoeling dat politici gaan doen wat ik zeg! Hoewel, ik blijf ervan over-tuigd dat Agalev nog zou bestaan, mocht Magda Aelvoet mijn haartips hebben opgevolgd.

Zijn kapper, Marc Patrick uit Mechelen, ben ik erg dankbaar voor de publiciteit en als ik hem ooit eens ga bezoeken, wil ik wel het geheim kennen van die haarkleur van Somers. Hoe kan haar zo zwart zijn? Welk mysterie bindt Ridge uit *The Bold*..., Jo Lemaire, Luc Appermont en Somers, onze minis-ter-president Schwarzkopf! Ik hoor hem al denken: dat is geen zwart haar, maar diepblauw.

Bart Somers is naar een van mijn voorstellingen komen kijken en ik heb hem van dichtbij gezien. En er is iets wat niet klopt aan die man. Zijn *head and shoulders* passen niet bij elkaar. Alsof de verhoudingen niet kloppen. Bestaat er al zoiets als een hoofdtransplantatie? Je ziet op televisie steeds meer Siamese tweelingen die van elkaar worden gescheiden. Soms vraag ik me af of er onder dat haar van Bart Somers een extra hoofdje zit?

En dan heeft onze minister-president nog een trekje. De meeste mensen spreken met hun mond, Somers met heel zijn hoofd. Elke lettergreep wordt door dat hoofd beklemtoond met een enorme knik. En die berenmuts op zijn hoofd dient als uitroepteken. Als je de klank van je tv afzet, lijkt het net een headbanger. Hij zou niet misstaan op het wereldkampioenschap luchtgitaar dat jaarlijks ergens in Scandinavië wordt georganiseerd. Misschien moeten we dat ook eens hier organiseren? Bij wijze van algemene repetitie voor de Spelen van 2016.

DENKEN IS BELANGRIJKER DAN DEELNEMEN

De Olympische Spelen in 2016. Hoe komt zo iemand erbij? Hoe redeneer je dan? We hebben nog geen sportinfrastructuur, maar wel al vijf ringen! De ring rond Antwerpen, rond Gent, rond Hasselt en de binnenring en buitenring rond Brussel. Zou het voldoende zijn om Jacques Rogge te overtuigen?

Bart Somers zei over de Olympische Spelen: 'Het is een denkoefening.' Ik vraag mij af wat dat eigenlijk is, een denkoefening? Je hoort het zoveel. Er zijn politici die een ballonnetje oplaten, andere doen een denkoefening. Denkoefenen klinkt sportief, dat wel. En wie weet houdt het je hersenen soepel. Maar denksport is geen olympische discipline!

Wat is het verschil met gewoon denken? Is het een soort fase die je doormaakt? Dat je denkt, maar dat het niet echt is wat je denkt? Wat is het verschil met gewoon denken? Ik heb het nog niet eens over nadenken.

Hoe gaat dat in zijn werk, dat opteren voor een denkoefeninggebeuren naar de bevolking toe? 'Ik ga nu eens proberen te denken! Mmmm! Oei, mislukt! Ik zal nog wat moeten oefenen.'

Zegt Bart op een ministerraad: 'Ik ga even denken, maar het is nog niet voor echt.' En dat hij dan zijn vingers gekruist achter zijn rug houdt omdat het niet mee zou tellen?

'Je pense donc je suis.' Ik doe een denkoefening dus ik ben misschien, denk ik.

Een denkoefening is toch niets voor iemand die een land moet leiden? Dat is iets voor de bewoners van het *Big Brother*-huis. Een weekopdracht!
Voor hen is het dichtknopen van de eigen schoenveters de enige intellectuele arbeid die ze op een dag verrichten.

Onder het motto 'denken is belangrijker dan meedoen', wil ik wedden dat Bart Somers allang bezig is met een andere denkoefening. 'Hoe behaal ik de gouden medaille bij de verkiezingen?' Toen ik daarnet in mijn laarzen stapte, schoot er mij iets te binnen. Mikt Somers op de Spelen van '16 of op de Wetstraat 16?

DEELNEMEN IS BELANGRIJKER DAN WINNEN

Ik heb zelf maar eens een denkoefening gedaan bij die olympische gedachte. Een soort olympische denkoefening over dat 'deelnemen is belangrijker dan winnen'. Ik heb daar mijn vragen bij. Want, als winnen niet zo belangrijk is, waarom lopen die atleten dan zo snel?

Waarom geven ze dan altijd de gouden medaille aan de winnaars? En niet aan de vierendertigste of een willekeurige deelnemer of diegene die de olympische grasmat maait?

Je mag absoluut niet deelnemen aan de Olympische Spelen als je de limieten niet gehaald hebt of niet geselecteerd bent. En die jury is onverbiddelijker dan Marcel Vanthilt of Serge Simonart bij *Eurosong*.

Bovendien, als het niet uitmaakt wie wint, wat is er dan tegen dopinggebruik? Waarom worden er dan miljarden uitgegeven aan het opsporen van doping? Om nog maar te zwijgen over hoeveel geld er wordt besteed aan het maken of het kopen ervan?

'Deelnemen is belangrijker dan winnen.' Wereldvreemde, achttiende-eeuwse onzin voor rijkeluiskinderen, die te lui waren om getraind aan de wedstrijden te beginnen. Nu is het gewoon winnen of verzuipen bij de Olympische Spelen.

Deelnemen is belangrijker dan winnen, is in ons land alleen nog bruikbaar als een slogan voor de Post. Innig deelnemen. Onze Post zou overigens zeer goed scoren op de Special Olympics!

Ik zie niet in wie onze facteurs moet afhouden van het goud op de 100 meter achteruitlopen of de 3000 meter steeple-zat. De 40.000 zonder stuurman of indoor-pesten.

We pochen altijd zo over onze efficiëntie, onze goeie oplei-dingen en de grote productiviteit in ons land, maar een brief twintig kilometer verder op tijd en in de juiste bus bezorgen, is haast ondoenlijk.

Weet je wat na jaren studies en audits nu de belangrijkste modernisering was in 2003? De oude postbodes mogen hun oude ronde behouden...

DE POST BLIJFT BIJ DE PAKKEN NEERZITTEN

Ik wacht al tien maanden op een pakje. Iemand heeft mij een pakje gestuurd, maar ik was niet thuis toen de postbode aanbelde om het pakje af te geven. Dus, ik kon het niet aannemen. Ik wist niet dat de postbode zou komen! En zeker niet om hoe laat.

Dan steken ze zo'n briefje in de bus dat ik het pakje kan afhalen op mijn (?) postkantoor. Dat heb ik gedaan.

Het was een belevenis! Na een kwartiertje aanschuiven stond ik met mijn gezicht voor het anti-inbraakglas, met daarachter een postbediende met brillenglazen van dezelfde dikte. Niet dat hij er niet mee zag, want hij had mij onmiddellijk herkend. 'Wie we daar hebben, Geert Hoste hemzelf!' Vriendelijk gevolgd door de vraag: 'Ja?' Ik schoof het briefje onder zijn neus waarop stond dat er een pakje voor mij klaarlag. Waarop ik als antwoord kreeg: 'Geert, mag ik eens uw identiteitskaart zien?'

Om kort te zijn: ze hebben het pakje niet gevonden. En als je dan denkt dat ze bij de pakken blijven neerzitten, dan heb je het mis. Ze hebben dat briefje al gefotokopieerd, tegen het licht gehouden, opnieuw ingeschreven, naar 'Brussel' gestuurd. Op een middag in de herfst zag ik zelfs hoe een postbeambte de barcode met potlood overtekende!

Maar wat ze ook deden, er verscheen geen pakje. Ik stond op het punt om te zeggen: 'Ga elkaar pesten en laat mij erbuiten,' maar ik slikte het nog net in en vroeg: 'Jullie moeten dat pakje toch terug kunnen vinden via die barcode? Waarvoor dient die anders?'

'Waarvoor dient die barcode?' kreeg ik met een zucht als antwoord. En ter illustratie werd mij een soort scanner getoond.

Zonder mij aan te kijken, wees de postbediende met die scanner naar de barcode: 'Dat zegt: "Piep"!' Alsof hij wist dat die hele handel tot niets leidde. Ik keek hem aan met een blik van: moeten we nu wachten tot dat pakje ergens vandaan terugpiept?! Hou toch op, zeg. Alsof die barcode zou verklappen waar mijn pakje verloren is geraakt.

Barcode? Wie de voorbije 75 jaar nog in een postkantoor is geweest, heeft de indruk dat hij uit de teletijdmachine van professor Barabas is gestapt. Nog altijd grote registers, log- en dagboeken en stempels, uit de periode van net na het spijkerschrift en de eerste stenen tafelen. De enige barcode die ze bij de Post kennen, is die van een cafébar!

Enfin, als je in zo een postkantoor moet wachten heb je in elk geval tijd om een beetje om je heen te kijken. Wat je veel personeelsleden ook ziet doen trouwens. Zo stelde ik vast dat men in het postkantoor steeds meer producten van de Nationale Loterij verkoopt... Daar heb ik niets op tegen, maar dat ze daarom de postbedeling ook zijn gaan zien als een kansspel gaat wel wat ver...

De Post wil 'zich spiegelen aan Belgacom'. Het zal er inderdaad nog mee eindigen ook, dat we in plaats van een brief te sturen, onze nieuwtjes beter aan elkaar vertellen! 'Hallo Geert, het is om je te melden dat ik morgen langskom, zo tussen tien voor tien en tien na tien met een pakje.'

Ik heb een suggestie voor de Post. Overgenomen van mijn neefje van acht. Als we het bedelen van pakjes nu eens gewoon overlaten aan de sint, de kerstman en de paashaas. Dan krijgen we maar drie keer per jaar pakjes. Maar die worden tenminste stipt op tijd geleverd!

Ach, sinds Guy Verhofstadt premier is heb ik geleerd om positief te blijven, zelfs oog in oog met de grootste onzin. Er wordt veel gemopperd op de Post, dat ze niet snel genoeg brie-

ven bestelt. Of zelfs helemaal niet. Maar misschien zat er wel antrax in die niet-bestelde brief? Of een bom? Wie weet was het wel een onbetaalbaar zware factuur!

Uiteindelijk zit er iets positiefs in een doodsbrief, die pas lang na de begrafenis toekomt. Dan is iemand, een vriend of bekende, al een week R.I.P. en jij weet het nog niet. En dan heeft die mens voor jou langer geleefd. Langer zelfs dan voor de naaste familie. Dankzij de Post.

Deze werking van onze Belgische Post is de reden dat we mikken op de Spelen van 2016. Als de uitnodigingen daarvoor nog dit jaar de deur uitgaan, hebben we in ieder geval de kans dat iedereen op tijd verwittigd is.

DAAROVER 2

Stoot een gekloonde ezel zich nu wel tweemaal aan dezelfde steen?

Vroeger waren onze wegen 's nachts **vanaf de maan** te zien. Nu zelfs onze wegenwerken!

Als er getennist wordt, zit heel België voor de tv. Volgens mij richten **Justine en Kim** op die manier meer schade aan onze economie aan, dan stakende NMBS'ers...

Belastingtip voor de regering: extra taks op tennisballen.

Een **niet-bindend consultatief referendum** over de nieuwe Europese Grondwet! Moeten we niet eerst een enquête houden of daar wel belangstelling voor bestaat?

Dialoog in het Midden-Oosten
'Hamas en Sharon zijn het eens!'
'Oef! Waarover precies?'
'Om elkaar voorlopig te blijven uitmoorden!'

Onderschat nooit de kracht van de mededeling die je doet in een weekblad. Zoiets heeft **kracht van wet**. Twijfelende vedetten kondigen daarom graag hun huwelijk eerst aan in de blaadjes. Dan weten ze dat ze er echt niet meer onderuit kunnen. Grote gebeurtenissen staan eerst in de weekbladen en daarna vinden ze pas plaats.

'Dat zijn geen **roddels,** dat zijn karakterstudies.'

Weekbladen
Om de kranten te halen, moet je iets doen. Om de bladen te halen, moet je iemand zijn.

Om het tekort aan agenten op te vangen wil de regering **ambtenaren van Belgacom** omscholen! Als je straks naar de hulpdiensten belt, krijg je een keuzemenu. 'U bent ontvoerd druk op 1; u werd overvallen door 1 persoon druk op 2; u werd overvallen door meer dan 1 persoon, druk op 3; u bent juwelier en hebt zelf al geschoten, druk op sterretje...'

Laurent is een frisse neus gaan halen in Werchter. Toch vind ik hem helemaal geen '**sex, drugs and rock & roll**'-type. Eerder 'handkus, koekendoos & vogeltjesdans'.

Als je die lijst met afzeggingen door blessures bekijkt voor de diverse tennistoernooien, dan lijkt **TENNIS** mij nog ongezonder dan roken.

X!NK NKFUCK

Het jaar 2016. Het lijkt allemaal zo veraf. Zou prins Filip al koning zijn in 2016? Zou de paus nog leven? Dat vond ik vroeger van vandaag ook. Als ik jaren geleden als uiterste houdbaarheidsdatum 2004 zag, dacht ik: dat blijft nog jaren goed.

Het is een rare gedachte, maar tegen de tijd dat de Olympische Spelen hier zijn, staan de huidige winnaartjes van *Eurosong for Kids* op Rimpelrock! Tenminste, als ze dan nog niet gesplit zijn.

Ik heb enorm genoten van *Eurosong for Kids*. Toch zijn er altijd weer mensen die vinden dat zoiets niet kan. Je moet eens opletten: als een kleine mooi viool speelt is het een wonderkind, als het een vrolijk dansdeuntje zingt, wordt het uitgebuit! Stop daar toch eens mee. Die kids eindigen heus niet allemaal als Michael Jackson. Of bij hem.

Ik snap die criticasters niet. Als kinderen zingen als Justin Timberlake is het een schande, en als ze staan te meppen als Justine Henin zijn ze 'goe bezig'.

Maar wie heeft Justine ooit zien genieten? Dat is net als Miss België. Oh, wat fijn voor die meisjes. Maar je ziet ze tijdens die verkiezing wel voor de laatste keer tussen andere achttienjarigen. Verder duiken er een heel jaar alleen foto's op van de 'Miss', aan tafel met rijpere heren van in de vijftig.

Gelukkig was *Eurosong for Kids* op TV1 een groot succes. Ik heb al gehoord van ouders, die boos zijn op hun kinderen, omdat ze hun wiskundehuiswerk maken, in plaats van een popliedje in te studeren. Ik heb aan Canvas voorgesteld om een 'Koningin Elisabeth-wedstrijd voor Kids' te organiseren. Of beter: 'Prinses Elisabeth-wedstrijd'. Als dat gebeurt, maken ze bij VTM waarschijnlijk snel werk van Little Brother. Kortweg 'Gabriël' genoemd.

De koninklijke familie zelf duikt ondertussen steeds meer op bij muziekconcerten! Laurent was nadrukkelijk aanwezig op het concert van de Rolling Stones. Nog geen half jaar getrouwd, maar in het openbaar zong hij al 'I can't get no satisfaction...'

Claire en Laurent zijn een paar keer opgemerkt in Werchter. Filip en Mathilde waren bij Helmut Lotti in Berlijn. Fabiola gaat naar de Elisabeth-wedstrijden. Eerlijk gezegd, had ik Albert en Paola stiekem een beetje verwacht op Rimpelrock.

Maar nee. Misschien waren ze in de war omdat Rimpelrock voor iedereen gratis was. Normaal zijn zij de enigen die geen inkom moeten betalen. Of was onze koning misschien bang in verlegenheid te worden gebracht omdat vrijwel iedere bezoeker van een popconcert vandaag de dag een condoom in zijn handen gedrukt krijgt? En vreesde hij dat Paola dan zou opmerken: 'Hadden ze dat maar vroeger gedaan, dat had mij een *Boel* ellende bespaard.'

Op de meeste rockconcerten worden tegenwoordig condooms uitgedeeld. Zou dat ook zo zijn bij Rimpelrock? Condooms met aspirinesmaak?

Als je naar het publiek op Rimpelrock kijkt, lijkt het of er daar meer pillen worden geslikt dan op Pukkelpop. Die bejaarden lijken wel heel fit maar ze komen nooit ongeschonden door een dopingcontrole. En dit is het werkelijke probleem van de vergrijzing: de peppillen en jonghouders voor onze bejaarden worden vergoed door de mutualiteiten.

Daarom vind ik eigenlijk dat er op een manifestatie als Rimpelrock gerust reclame gemaakt mag worden voor sigaretten. Aan de bejaarden mogen ze best 'sigaarkes' uitdelen. We moeten per slot van rekening iets doen aan die vergrijzing van ons land. Dus: verplicht naar Rimpelrock in een rokerscoupé zolang het nog kan, zou ik zeggen.

HEETHOOFDEN

Tot voor een jaar spoelde er af en toe een vluchtende Afrikaan in Europa op het strand aan, nu kwam het hele klimaat mee! In zo'n hitte vraagt een mens zich af waar ze in Afrika de fut vandaan halen om nog zo dikwijls te vechten! Maar ik heb inderdaad gelezen, dat de hitte de mensen agressiever maakt. Ik wist dat niet.

Zo heerste er in ons land opeens zwembadagressie. Een nieuw woord dat opdook in de krant. Het verwees een beetje verkeerd naar zwembaden die agressief zouden zijn. Het ging echter om agressie *in* de zwembaden. Of beter nog: aan de rand van het zwembad. Het was echt 'vrije slag'.

Met die hittegolf had ik verwacht dat een eerste geval van zwembadjacking zou worden gesignaleerd. Gewoon een overval en er met iemands zwembad vandoor gaan!

Een of ander blauw licht van de VLD, ik meen dat het Smagghe heette, vond er niet beter op dan voor te stellen mensen met een bruine huidskleur de toegang tot het zwembad te ontzeggen. 'Slegs vir blankes.' Hoe zou je zoiets eigenlijk georganiseerd krijgen? Na een paar weken tropische zonnebrand is iedereen bruin, verdorie.

Smagghe kaderde zijn zwembadverbod op een of andere manier in de strijd tegen terrorisme. Onbegrijpelijk, want in zwembroek gekleed kan je tenminste zien of iemand een partij zelfmoorddynamiet rond zijn buik gewikkeld heeft...

Je hoopt soms dat de VLD met Rik Daems intellectueel het absolute nulpunt had bereikt. Maar dat het ook negatief kon? Alsof Daems domheid aantrekt. Misschien betekent vrijheid van meningsuiting voor veel VLD'ers: 'Meelullen is belangrijker dan iets zinnigs zeggen.' In vergelijking met Smagghe is

zelfs Jean-Marie Dedecker intelligent. Het is algemeen geweten dat Smagghe de eerste mens ter wereld is die tijdens de IQ-test negatieve cijfers haalde.

Het kan een bewuste zet van Verhofstadt zijn: zich laten omringen door minkukels waarbij hij gunstig afsteekt. Je mag hopen dat Smagghe snel oud genoeg is om vanwege zijn leeftijd door de VLD-leiding opzij te worden gezet...

Van sommige mensen zou je gewoon verlangen dat de GSM in de broekzak ontploft. Als je GSM trouwens echt in je broek ontploft, hou je er in het beste geval een flitspaal aan over. En ben je levenslang lid van de Tuf-tuf Club. Hoewel het woord 'lid' dan niet meer zo letterlijk genomen moet worden.

BLIJF MET UW POLLEN VAN MIJN KNOLLEN

Naast de zwembadagressie dook vorige zomer ook een andere nieuwe soort agressie op: tuinagressie. Marc Demesmaeker gaf in zijn programma *Groene Vingers* steeds de indruk dat je van tuinieren heel rustig en braaf wordt! Maar dat geldt lang niet voor iedereen. Wellicht is tuinieren, door de ecologisch verantwoorde strijd tegen de klimop en door die andere groene maatregelen waardoor je geen vuurtje meer mag stoken en je gras niet meer mag maaien, wel heel stresserend geworden.

In elk geval werd ik zelf uit mijn groene rust opgeschrikt door een merkwaardig bericht uit West-Vlaanderen. In Poperinge (we spreken over Henri d'Udekem, Dirk Frimout, kortom *the wild, wild West*) had een bankbediende 's nachts iemand neergeschoten die in zijn hof groenten kwam stelen. Blijf met uw pollen van mijn knollen. Met je lange 'Groene Vingers'!

Ik zie die bankbediende al na een drukke dag zorgvuldig in de weer met knolselder, lof, schorseneren en prei. En met 24 rozen! Tot hij opeens ontdekt: 'J'ai des petits problèmes dans ma plantation', en zich 's nachts verdekt opstelt om te zien wat er ruist in het struikgewas?

Het is al schrijnend dat iemand een wortel steelt omdat hij hongerig is, maar wat gezegd van diegene die op zo'n sukkelaar schiet? Ik zou zo iemand een patat geven! Mocht ik een tuin hebben en er verdwijnen wortelen, dan zou ik denken: hé, ik heb konijnen of een haas... Desnoods een kangoeroe of een wolf. Alles is mogelijk in ons land. En dan zou ik met een camera op de loer gaan liggen. Niet met een geweer. Beestig goed!

En als ik zou weten dat het om een inbreker ging, zou ik me achter mijn hoppe (Poperinge!) verbergen met een oude broodzak en die laten knallen, op het moment dat hij mijn wortels in zijn jutezak laat verdwijnen.

Ik heb geen tuin, ik woon in de stad. Ik zou niet weten wat ik zou moeten doen, als er iets uit mijn tuin verdwijnt. Maar ik vermoed dat ik op de loer zou gaan liggen. Mocht ik een loer hebben. En als ik op mijn loer zou liggen, zou ik de dief bij zijn lurven pakken. Ik weet niet waar die precies zitten, die lurven, maar ik vermoed dat je die wel ziet hangen als je op een loer ligt.

Als je op de loer ligt en je kan iemand bij zijn lurven nemen, dan heb je die geklist.

Meer roze op straat

Steeds meer burgers nemen het recht in eigen handen. Het meest schrijnende voorbeeld was die juwelier die overdag in een winkelstraat op twee mannen had geschoten. Als verdediging gaf hij mee: 'Ze waren vreemd gekleed en gedroegen zich eigenaardig.' Je zal maar een homokoppel zijn dat trouwringen wil kopen!

Want homo's mogen eindelijk trouwen in ons land. Dat was dan ook ongeveer het enige wat ze mochten in 2003. Want homo's hebben het de laatste tijd weer moeilijk. Niet alleen vanuit de hoek van de islam. Vroeger hoorde je nog wel eens een vlotte vrouw zeggen dat ze goed kon praten met homo's. Maar vandaag lees ik in de vrouwenbladen dat de moderne vrouw helemaal geen behoefte heeft aan een goed gesprek. Ze wil liever hevige en stevige seks! En ja, dan heeft een meisje van nu natuurlijk niet zoveel aan een goed babbelende homo.

En niet alleen in het hoofd van een bejaarde kardinaal van voor het concilie broeden er homofobe gedachten, ook in Lierke plezierke! Een homokoppel werd er geweigerd op een dansschool! Toen ik nog op school zat, halverwege de vorige eeuw, dacht ik dat er op dansles uitsluitend homo's zaten!

Maar goed, dat homopaar wilde leren dansen. Hun repertoire bleef tot nu toe beperkt tot niet veel meer dan bewegen op de tonen van YMCA. Die directeur van de Lierse dansschool was echter bang dat het allemaal uit de hand zou lopen tijdens de eerste kuskesdans. Om kort te zijn kan ik zeggen dat die homo's uiteindelijk geen dansles gekregen hebben, maar ze kunnen inmiddels wel twisten.

Vroeger had je alleen homo's in de showbizz, op school of in de kerk. Nu duiken ze overal op, ook in de politiek. Op Canvas zag ik er zelfs vier in de Gamma!

In Antwerpen heeft een politiecommissaris zich geout. In Antwerpen! Hoe is het mogelijk? En homo én bij de politie én in Antwerpen! De kans dat je de Lotto wint is groter!

'De rijkswacht, uw vriend? De politie, uw vriendje.' In plaats van meer blauw op straat, kregen we in 2003 een beetje meer roze... Het wordt stilaan duidelijk voor wie die vrouwenkleren waren, die door een Antwerpse politiecommissaris met een Visa-kaart waren gekocht.

Of zouden de flikken met zo'n outing de aanwerving van moslimagenten willen saboteren? Het zou best kunnen. De islam loopt niet voorop in homo-emancipatie. Maar ook in autochtone kring werd ongemakkelijk gereageerd. Sommige criminelen dreigden ermee hun job vaarwel te zeggen, omdat ze niet de kans wilden lopen door 'jeanetten' gefouilleerd te worden.

Terwijl het toch de meest normale zaak van de wereld is. Als je agenten ziet, gaat het dikwijls om twee mannen die samen op pad zijn. In Antwerpen is het zelfs een tijdlang verboden geweest dat drie agenten met elkaar over straat liepen. Omdat de mensen dan konden denken dat er een van hen gearresteerd was.

Heel wat politiemensen uit de koekenstad mochten een paar nachten brommen. Het hoeft niemand te verbazen dat het symbool van Antwerpen het Steen is, een oude gevangenis.

2003 was een rampjaar voor de Antwerpse politie. Wat een enorm verschil met het succes van de Gentse flikken!
Het viel bijna niet meer bij te houden in Antwerpen. Ze hebben meer commissarissen en agenten gepakt dan boeven verleden jaar! En allemaal omdat de agenten achter elkaar aan zaten. Maar niet uit liefde. Als de misdadigers in ons land hun maten net zo gemakkelijk zouden verraden als de Antwerpse agenten, dan liep er geen gangster meer vrij rond.

AL WIE DA NIET BEEFT!

De paus is nog eens ouderwets tekeergegaan tegen homo's. Hij vond België een achterlijk land, omdat het het homohuwelijk toestaat. Je kunt je wel afvragen of hij dat werkelijk gezegd heeft, want de paus is al jaren niet meer te verstaan. En dat is eigenlijk maar goed ook. Want mochten wij hem wel kunnen verstaan, dan kregen we vermoedelijk dezelfde onzin te horen als die zijn schoolvriend, kardinaal Joos uitkraamt. Het Vaticaan kan beginnen met een prijsvraag uit te schrijven voor wie uit dat gebabbel een samenhangende mededeling kan filteren. Als prijs krijg je een reis naar Lourdes.

Zoals hij zegent, dat is geen urbi et orbi meer, maar veel eerder 'chihuahua'. Zo spreek ik ook vijfendertig talen. Vloeiend.

Wat zou hij werkelijk gezegd hebben over de Belgische homohuwelijken? In zijn eigen *espressione neerlandese*? 'Aaal wie daaa' nie beeeeevt ies homofiel!'

Er is niets ernstigs aan de hand met de gezondheid van de katholieke kerkvorst, zeggen ze telkens opnieuw in het Vaticaan. 'Als wij hem vragen of er iets scheelt, schudt hij nee!' Misschien dat de paus zo beeft door het gebruik van die vermageringstoestellen van op tv, die je ongemerkt onder je kleren kan dragen? Met zo'n trilfunctie.

Naar een mis kijken met de paus heeft inmiddels iets van *Fear Factor*: haalt Johannes Paulus het einde ervan wel? De echte Roomse *Fear Factor* schuilt dikwijls in de inhoud van de preken van de paus. Er is altijd wel een groep waar hij zijn pijlen op richt. Vaak zijn het de rijken, soms de priesters die willen trouwen en het voorbije jaar waren het dus vooral trouwlustige homo's waar hij, excuses voor het woordgebruik, de pik op had.

Vooral dat homohuwelijk moest het ontgelden. Wat willen ze dan? Dat die homo's het ongehuwd met elkaar doen? Aan dat homohuwelijk valt voor het Vaticaan niet meer te ontkomen. Het enige wat de kerk van Rome rest, is de echtscheiding voor getrouwde homo's te stimuleren.

De paus bleef maar leven in 2003. Mocht de paus gewoon getrouwd zijn geweest, dan had zijn vrouw allang gezegd: 'Jean Paul, zou je niet stoppen met werken? Het is genoeg geweest!'

Maar hij weet van geen ophouden. Hij heeft verklaard dat hij wacht tot de Heer hem roept. Ik vermoed dat de Heer hem al een paar keer geroepen heeft, maar dat er iets niet in orde is met zijn gehoor. Of willen ze hem in de hemel ook al niet?

De paus moet voorzichtig zijn met uitspraken als: 'Ik wacht tot de Heer mij roept.' Er zijn mensen voor minder opgesloten in een psychiatrische instelling. De moordenaar van de Zweedse minister Lindh en de moordenaar van die leraar in Den Haag hadden ook gehoord van de Heer dat ze hun daad moesten stellen.

Verboden te lachen

Als de paus al de wubbe krijgt van het homohuwelijk, is de kans zeer groot dat hij door het lint gaat als straks homo's ook nog eens kinderen mogen adopteren.

Misschien moeten ze in het Vaticaan een compromis bedenken? Bijvoorbeeld dat twee homopapa's kinderen mogen aannemen, maar dat het wel jongetjes moeten zijn en dat ze die kleintjes moeten stimuleren om misdienaar te worden.

Het Vaticaan wil namelijk nog steeds geen vrouwelijke misdienaars. Ik denk dat dat op uitdrukkelijk verzoek van de priesters zelf is. Die hebben wellicht liever jongetjes. Het is iets waar je eigenlijk liever niet al te lang over nadenkt. De kerk doet veel moeilijker over homofilie dan over pedofilie.

Onze paus heeft in elk geval besloten om op het einde van zijn pontificaat nog eens flink op de rem te gaan staan. Het zal hem niet ontgaan zijn dat de islamitische concurrent bijzonder veel succes heeft met duistere praatjes uit de tijd van voor de Verlichting.

De paus is eigenlijk een verschrikkelijke macho! Hij kan de wereld aan zonder vrouw en zet zich nadrukkelijk af tegen homo's. Het verbaast me niet dat hij zo populair is in het Oostblok en in de derde wereld. Het is het vaatje waaruit ook de islam maar al te gretig tapt, zij het alcoholvrij. De grote religies van deze wereld zijn in hun krampachtige afwijzing van 'jeanetten' al even fanatiek als Jean-Marie Dedecker.

Trouwens, zowel God als Allah zijn ook altijd vrijgezelle macho's gebleven. God wilde zelfs voor het verwekken van zijn eigen zoon nadrukkelijk niet met een meisje naar bed! Ach, de wereld zou er totaal anders uitgezien hebben mochten Allah en God elkaar 's zomers ontmoet hebben op het naaktstrand in Bredene.

In zijn niet te stuiten verlangen naar de Middeleeuwen heeft de paus beslist dat er weer missen in het Latijn komen. Als je meer eucharistievieringen in het Latijn wilt, kan je toch wel plaats maken voor een paar homohuwelijken in het Grieks?

Missen in het Latijn. Alsof de mensen die vandaag beter begrijpen dan het gebazel van Johannes Paulus. Het zou me niet verbazen als we die maatregel moeten zien in het kader van de oproep van de paus dat er niet meer gelachen en geapplaudisseerd mag worden in de kerk. Als je een mis in het Latijn doet, zit iedereen verbaasd te kijken! Niet lachen en niet applaudisseren. Alsof daar reden toe is, met zulke maatregelen.

Ik ben nog nooit naar zo'n mis geweest in het Vaticaan, maar het moet wel iets bijzonders zijn als er opeens uitdrukkelijk een verbod komt op lachen en applaudisseren. Wie doet daar de mis? Chris Van den Durpel of Guy Mortier?

De heren Uytdebroek en Vanbil

In Bredene werden dertien oude homo's opgepakt terwijl ze lagen te netwerken. Ze hadden lekker ouderwets liggen vrijen op het vers afgebakende naaktstrand en in de duinen. Zo stond er in de krant. Het ging om dertien mannen die net iets te enthousiast in de weer waren met zonnebrandolie.

Meer nog dan naar het naaktstrand en het vrijen ging mijn aandacht in het krantenartikel naar het aantal. Dertien! Dat vind ik zo'n ongelukkig getal in dit verband. Je krijgt dan meteen de indruk dat ééntje niet mee mocht doen. Hij werd uitgesloten, de zielepoot.

Een paar maanden later bleek dat het bericht niet klopte. Het ging inderdaad om twaalf mannen. Misschien waren de agenten die de vaststelling deden, zo in de war van wat ze zagen dat ze de tel kwijtraakten. De agenten die het proces-verbaal moesten opmaken, dachten dat er van die oude homo's wel dertien in een dozijn gaan.

Dertien mannen die aan de rand van de zee met naastenliefde bezig zijn. Wat moeten ze 2000 jaar geleden niet van Christus en zijn twaalf apostelen (samen dertien!) gezegd hebben, toen ze na een wonderbaarlijke visvangst op het strand lagen uit te hijgen?

Dertien oude homo's die in de gloeiende zomer van 2003 liggen te stoeien in de blakende zon. We zouden trots moeten zijn! In Parijs sterven 13.000 oudjes omdat de zon dodelijk scheen! Hier gingen ze in topvorm uit de broek en van bil!

Als de politie zich daar dan toch zo nodig mee moet bemoeien, hadden ze die mannen geen boetes moeten geven maar condooms. Vanwege de hoge beschermingsfactor tegen aids!

De rijpere vrijers werden betrapt in juni en al veroordeeld in augustus. Voor sommige minderheidsgroepen is men snel klaar als het op rechtspraak aankomt. Had Dutroux met volwassen mannen zitten rotzooien, dan was hij allang veroordeeld. Was André Cools een oude homo geweest, dan was het proces allang achter de rug. Mocht de Bende van Nijvel uit oude homo's hebben bestaan, dan zaten ze achter slot en grendel.

Dertien volwassen mannen die serieus met hun eigen onderlinge goesting in de duinen vrijen, daarvoor veroordelen! En dan maar klagen over de achterstand bij Justitie.

DAAROVER 3

Samson naar China! Dat lijkt me een goede zaak. Eddy Wally is daar ook geweest! Straks hebben we niet alleen de *Voice of Europe*, maar ook ook **de Woef of Europe**!

Samson gaat naar China! Wordt dat een soort kook-programma?

Zo langzamerhand kunnen ze op de radio beter de wegen opnoemen waar **geen files** staan. Dat zou heel wat radiotijd schelen.

De honderdste **Ronde van Frankrijk** werd een flop voor onze landgenoten. De eerste Belg op de Alpe d'Huez was een wielertoerist uit Lokeren die er een week voor de aankomst van de renners zijn campingcar had geparkeerd!

Vrachtwagen met erwten kantelt op de snelweg. Uren file omdat de rijkswachters het **aantal slachtoffers** moesten tellen.

Dankzij de regionalisering van de wapenexport kunnen wij eindelijk zonder problemen **geweren kopen in Wallonie**.

Dit jaar geen trein-, tram-, of busdag. In Wallonië komt er wel een **tabak-, race- en wapendag**.

Man steelt **GROENTEN** uit moestuin en wordt neergeschoten. Is dat ook komkommernieuws?

Bij warm weer stijgt in ons land de verkoop van drank en roomijs, zo blijkt volgens cijfers van de verdelers van die producten. Jammer genoeg volgt de verkoop van **DEODORANT** niet dezelfde trend, zo blijkt volgens mijn neus!

Al jaren wordt er in ons land geklaagd over de nacht-vluchten en wat gebeurt er? De **nachttreinen** worden afge-schaft!

Ik weet het zeker: je rijdt **vlotter** door het centrum van Bagdad dan door het centrum van Antwerpen.

Al die Vlamingen die bij Ajax spelen doen mij eraan denken dat de vorige keer dat zoveel landgenoten naar Amsterdam trokken, daar **EEN GUUDEN EEUW** begon.

Het voorstel van Anciaux om 30 km/u verplicht te maken in de **behouwde kom**, heeft hij ingetrokken tegen 120 km/u!

Jobadvertentie: Terreurorganisatie zoekt atoomgeleerde (m/v) met zelfmoordplannen.
Rijbewijs niet noodzakelijk.

DES PETITS PROBLÈMES DANS L'ADMINISTRATION?

Had er iemand gedacht dat Vincent Van Quickenborne ooit in een regering zou zitten? Die jongen vindt politici over het algemeen incompetente idioten en hij doet er alles aan om te bewijzen dat hij gelijk heeft.

Hij is uit verveling in de politiek gegaan en voor straf krijgt hij een spookportefeuille, waarmee hij de Belgische administratie moet moderniseren. Administratie vereenvoudigen? Dat lukt niemand. Je vindt nog gemakkelijker atoombommen in Irak.

Een en ander moet wel een *practical joke* zijn van Verhofstadt. Hij heeft dat gedaan om Louis Tobback te kloten. 'Kijk, ik doe nog veel meer mijn goesting dan jij vreesde dat ik zou doen als ik eenmaal premier zou zijn...'

Het klinkt toch ongeloofwaardig: staatssecretaris Vincent Van Quickenborne van het Departement Administratie Vereenvoudiging. Het lijkt wel een zin uit het Groot Dictee! Hoe vertaal je dat in het Frans? Kortweg: Trop is te veel?

Staatssecretaris Vincent Van Quickenborne van het Departement Administratie Vereenvoudiging. Als je de woorden uit deze zin kan maken tijdens Scrabble, ben je wereldkampioen!

Wat zou 'de Quick' gaan doen om de administratie te vereenvoudigen? Eisen dat dossiers niet meer mogen wegen dan drie gram en alleen mogen dienen voor eigen gebruik? De rest van de administratie gaat de staatssecretaris oproken! 'Plus de petits problèmes dans l'administration'.

Verhofstadt moet gedacht hebben: als ik de administratie wil vereenvoudigen, moet ik dat laten doen door iemand die simpel is.

Door zo'n staatssecretariaat in het leven te roepen, komt er juist meer administratie bij! Je hebt daar toch geen volledig departement voor nodig. De premier zou gewoon tegen zijn excellenties moeten zeggen: 'Jongens en meisjes, aan de slag en laat ons allemaal iets doen aan de papierwinkel!' Als Verhofstadt de administratieve rompslomp echt wilde verminderen, had hij beter Daems de bevoegde minister gemaakt. Dan was de hele administratie verdwenen!

Ik ben ervan overtuigd dat je in België de administratie niet KUNT vereenvoudigen. België IS de administratie! Als je dat vereenvoudigt, hebben we straks twee miljoen werklozen in plaats van 200.000 jobs erbij. Wat gaat Verhofstadt nog bedenken? Een extra minister die erop moet toezien dat er niet te veel ministeries komen?

GENERISCHE MINISTERS

Toch heb ik een zwak voor 'de Quick'. En het publiek kent hem tenminste een beetje. Iedereen wist ook: van hem gaan we verder geen last meer hebben. Want toen de nieuwe regering zich aandiende, zaten er echt een paar volslagen onbekende nieuwkomers in. Ik wist nauwelijks dat ze nog bestonden, Onbekende Vlamingen.

Om Verhofstadt II te bemannen, waren kandidaten uit alle mogelijke holen en spelonken opgevist. Steve Stevaert kondigde het ook zo aan: 'Nog voor het weekend hebben we een verrassing voor jullie...' Politiek pretpark België. Opeens waren mensen waar niemand ooit van had gehoord minister! Ook de betrokkenen zelf waren dikwijls verrast: 'Ik weet ook niet wat ik moet doen. Het enige wat van mij verwacht wordt, is dat ik gewoon doe wat Guy of Steve zegt.'

Politici kun je opdelen in verschillende categorieën. Je hebt eerst en vooral de echte vedetten. De bekende politici. In navolging van de BV's: de BP's, zoals in Benzine-Pomp.

Je kunt politici net als benzinemerken indelen.
Zoals gezegd heb je de BP's: de Bekende Politici.
Dan zijn er de mooie politici: de FINA's.
De partijvoorzitters, dat zijn de TOTAL's.
Er zijn een handvol gekleurde politici: de Q8's.
Dan heb je nog de lokaal bekende politici: Smet & Van Diest, de Powerpompen of Petros.
En tot slot zijn er de witte pompen: de generische ministers.

Generische ministers vormen min of meer een nieuwe categorie. En net als bij de generische geneesmiddelen, weet je dat ze bestaan, maar je kent ze niet echt. Je vermoedt dat ze werken. Maar vergis je niet, er is een verschil: generische ministers zijn even duur als gewone.

DE POLITAINERS

Na de verkiezing van Arnold Schwarzenegger tot *Governor* van California, werd er denigrerend gesproken over het feit dat een acteur een dergelijke functie kreeg. Bij zijn inhuldiging zei Jay Leno verbaasd: 'Het is voor het eerst dat ze Arnold acteur noemen.'

Ik zie geen graten in Arnolds benoeming. Hij heeft een raar accent, en ja, hij heeft vrouwen in de billen geknepen toen hij jong was. En hij staat niet bekend om zijn diploma's. Maar wat is daar mis mee? Wij hebben zo'n koning!

Ach, er niets mis met een acteur op zo'n positie. Hij is per slot van rekening verkozen omdat de vorige gouverneur er een puinhoop van maakte. En dat was geen acteur. Doet een ondernemer het dan zoveel beter? Wie zou er stemmen voor Lernout en Hauspie of voor de bazen van Sabena? Ooit een aannemer tegengekomen die op tijd klaar is met zijn werk en zich aan zijn budgetten kan houden? Acteurs zijn stipter, werken harder en hebben voor de democratie een zeer belangrijke eigenschap: ze willen publiek. Ze willen het liefst dat iedereen alles ziet en weet wat ze doen. Een acteur heeft geen geheime agenda. Dat is een voordeel.

Aan de andere kant ben ik ook opgelucht dat Schwarzenegger een job heeft gevonden in de politiek. Misschien gaat hij nu minder films maken!

Dat Schwarzenegger zo'n gouverneurspositie in de schoot krijgt geworpen, is het resultaat van de simpele strategie van de politiek overal ter wereld: bekende mensen op de kieslijsten zetten! Kiezers geven nu eenmaal graag hun stem aan een vertrouwd gezicht.

In ons land staan we in die ontwikkeling heel ver. De politieke tenoren hebben inmiddels vastgesteld dat Bekende Vlamingen niet meer nodig zijn. De politici zelf zijn hier populairder dan de tv-sterren! Noem ze gerust 'politainers'. Namen als Guy, Steve, Freya en Johan klinken vertrouwder in de oren dan die van de familie thuis. En neem je iemand zijn geknoei kwalijk als zijn collega's hem liefkozend Bert(je) noemen?

Dan zijn er ook nog die mooie vrouwelijke politici, die vrijwel dagelijks in tv-programma's gewoon zichzelf mogen zijn. Of het nu verkiezingen van het parlement zijn of die van Miss België, achter de schermen gaat het er hetzelfde aan toe. Laat een minister zijn beleid uitleggen en de kijker zapt ogenblikkelijk weg. Maar laat een minister in hemdsmouwen koken en de kijkers lusten er pap van! Tv-zenders weten dat hun kijkcijfers stijgen als politici geestige dingen komen doen.

Het is dan ook logisch dat de populairste Vlaamse politicus een cafébaas is. Als cafébaas weet Steve Stevaert dat als je een gratis vat geeft, de mensen niet te stoppen zijn. Steve heeft ons, maar vooral zijn collega's geleerd, dat je in België vandaag met caféklap of kroegpraat het verst komt... Zolang het maar niks kost.

DE SLIMBURGER

Inmiddels is Steve Stevaert zo populair dat het niet meer uitmaakt wat hij doet of zegt. Hij heeft gelijk. Met alles, altijd.
Ook al is hij socialist, hij wordt door zijn eigen partijleden
aanbeden.

Bovendien hoeft Stevaert maar op een kieslijst te gaan staan
of hij wordt verkozen. Ook dat maakt niet uit: Kamer, Senaat,
Europees parlement, gemeenteraad... Jammer dat hij nooit
deelgenomen heeft aan Miss Belgian Beauty; hij zou gewonnen hebben. En dan was hij nu omroeper bij VTM!

Steves enige probleem is dat hij niet alle mandaten kan opnemen. Ze zouden hem moeten klonen. Of hij zou met dubbelgangers moeten werken zoals Saddam Hoessein. Als je niet
beter wist, zou je denken dat die al bestaan, want Stevaert duikt
werkelijk overal op.

Het komt dan ook door Stevaert dat er in ons land generische
ministers zijn. De socialisten moeten telkens weer een onbekende lapzwans in zijn plaats zetten om een Stevaert-man-
daat uit te oefenen, want Steve zelf heeft er geen tijd voor. Te
druk!

Een opvallend trekje bij Steve is dat hij er prat op gaat dat hij
niet gestudeerd heeft. Dat merk je eigenlijk ook wel aan veel
van zijn plannen. Hij benadrukt het zelf, ten overvloede: 'Ik
ben maar een simpele mens.' En daarmee hoopt hij dat wij
het hem niet kwalijk nemen, dat hij (zo af en toe) wat onno-
zele voorstellen doet.

En toch klopt het niet als Steve zegt dat hij geen diploma heeft.
Ik heb het opgezocht op zijn website. Hij is een Limburger
met een diploma: een slimburger! Hij heeft een graduaat, net
zoals de gouverneur van California: Arnold Schwarzenegger!

Steve en Arnold zijn de ideale mengeling tussen politiek en amusement. Allebei mensen die, met een opvallend accent, ver van huis, proberen er iets van te maken. Vanuit Oostenrijk in de VS en vanuit Limburg in Brussel. Dat werkt vaak. Niet altijd. Ze moeten natuurlijk wel stemrecht hebben.

Vroeger liep er nog een dun lijntje tussen politiek en amusement. Nu overlappen ze elkaar volledig. Artiesten worden aangesproken met hun functie, volksvertegenwoordiger Margriet, minister Bert en politici worden aangesproken met hun artiestennaam.

Want er zijn steeds meer politici die een artiestennaam kiezen! Stevaert zijn echte, eigenlijke voornaam is Robert. Maar dat klonk niet sexy genoeg. Daarom heeft iemand, ik vrees hijzelf, 'Steve' bedacht. Steve Stevaert, dat zou geen spindoctor durven verzinnen.

'De Quick' in plaats van Van Quickenborne, dat is goed gevonden. Dat geeft ook een beetje snelheid aan zijn naam, 'de Quick'. En die heeft hij nodig in zijn job van vereenvoudiger van de administratie... Onderschat nooit het belang van een vlotte naam. Maar het is wel van doorslaggevend belang dat de naam juist gekozen is. Dat de directeur-generaal van de VRT een artiestennaam heeft, daar kan ik begrip voor opbrengen: Tony Mary. Maar dat er een minister rondloopt met de naam Marino Keulen is belachelijk. Marino Keulen! Mij maak je niet wijs dat je zo geboren wordt. 'Marino Keulen', dat is een naam die je kiest als je met carnaval als Italiaan over straat wil gaan... om Duitse liedjes te zingen.

MINISTER FIENTJE

Fientje Moerman, onze kersverse minister van Economische Zaken, kwam op tv vertellen dat ze thuis werd overvallen. Ze werd verdoofd in haar slaap. Verdoofd in haar slaap...?! Hoe doe je dat? En vooral hoe kan iemand zich dat herinneren? Van een nachtmerrie gesproken.

Fientje probeerde zeer cool te reageren, maar innerlijk zat ze in de knoop, de lieverd. Dat merkte je aan alles. Ik pik er een zin uit: 'Ik werd wakker en er hing een vreemde geur in de slaapkamer. Dus dacht ik: er klopt iets niet!' Beste minister Moerman. Ik zou de mensen de kost niet willen geven die 's morgens wakker worden en vinden dat er een vreemde geur in de slaapkamer hangt. Daarom toch nog maar eens les nummer één uit de huishoudschool. Voor uw eigen hygiëne: slaapt met uw raam open!

Meteen daarop zei ze: 'Ik had de indruk dat al mijn geld weg was.' Beste minister Moerman, ik zou de mensen de kost niet willen geven die 's morgens wakker worden in dit land en dat ook denken na een beurscrash en vijf jaar paarse regering.

Het zal een vreselijke ervaring zijn, overvallen worden in je slaap, zonder dat je er iets van merkt. Toch heb ik erover nagedacht. Je wordt wakker, het ruikt vreemd en je denkt: mijn geld is weg. Aangenomen dat geld stinkt, moet het bij Fientje niet vreemd, maar juist ongewoon fris hebben geroken.

Ik moet wel wennen aan een minister die Fientje heet. Minister Fientje! Fientje is eigenlijk geen naam voor een minister, maar voor een hondje. En toeval of niet. Het eerste wat we van Fientje hoorden, was dat er op haar kabinet vlooien zaten! Toen ik Fientjes kapsel voor de eerste keer zag, had ik al eens achter mijn oren gekrabd, pas later begreep ik waarom.

Je gaat een ministerie leiden en bereidt je voor op stof en spinrag. En omdat het een ministerie is, hooguit ook nog op een mol van de oppositie. Maar vlooien? Vlooien in het ministerie? Dat hadden we nog niet gehad. Het laatste beest op een ministerie was een Brabants trekpaard. Achteraf bekeken kan de vlooienanekdote wel een uitleg zijn voor de mimiek van Jean-Luc Dehaene in zijn tijd...

VLOOIEN OP HET WERK

Freya Van den Bossche had ook last van vlooien! Ze doet er tegenwoordig alles aan om niet langer als mooie vrouw in de aandacht te komen. Geen make-up, af en toe al eens een jeugd-puistje, ongekamd haar en dan ook nog vlooien. Lekker. Ze zegt dat ze alleen op haar werk beoordeeld wil worden, maar in haar geval lijkt me dat nu ook weer niet zo verstandig.

Aan het einde van haar eerste werkdag als minister belde Freya naar haar vader, de voormalige minister Luc Van den Bossche.
- 'Pa, mag ne keer wa vragen? Is dat logisch dat als ge minis-ter zijt, dat uw benen zo jeuken?'
- 'Nee meiske, als de mannelijke collega's jou zien, snap ik dat hun vingers jeuken.'
- 'Maar pa, ik stond in de vrouwentoiletten met Fientje en ze zat ook overal te krabben!'
- 'Meiske, als Fientje moet krabben, zijn het vlooien.'

Nu ja, als je kabinetten van de groenen overneemt, is het ook positief als je daar levende beestjes aantreft. Maar ik zie mi-nister Moerman en minister Van den Bossche zich al op de eerste ministerraad uitgebreid krabben. Ze hadden zich hun 'krab for life!' ook anders voorgesteld.

Ik hoor Fientje en Freya al aan de vergadertafel tijdens de eer-ste ministerraad van de nieuwe regering.
- 'Premier, er moet heel dringend iemand komen voor onge-diertebestrijding.' Waarop minister Olivier 'De Motte' dan weer furieus reageert: 'Over mijn lijk!'

Minister 'De Motte'... Ik wil wedden dat hij niet tegen nacht-vluchten is. En zou hij houden van het wollige taalgebruik van Stefaan De Clerck? Waarschijnlijk.

In elk geval moest de premier, voor hij met het echte regeren kon beginnen, zich eerst bezighouden met ongediertebestrijding. En niet met de mestkevers van het Vlaams Blok, zoals hij had beloofd, maar met gewone, natuurlijke vlooien.

Ongediertebestrijding, dat ware nog eens een job geweest voor Ali Chemicali, de Irakese minister die maanden na zijn dood gearresteerd werd.

Het is niet duidelijk wie in deze regering nu uiteindelijk bevoegd verklaard is voor ongediertebestrijding. Maar ergens is het wel spijtig dat Verhofstadt bij wijze van test geen kleine proefportefeuille gegeven heeft aan Filip Dewinter. Dan had die jongen ook eens zijn jeugddroom waar kunnen maken: *'Und deshalb fordere ich Sie auf alles zu tun, alles zu machen, damit unsere Arbeitsplätze wieder sauber und rein werden. Endlösen, ausradieren, vernichten. Ein totaler Krieg.'*

TEMSAMANI

Wat een sprookje van 1001 nachten moest worden, is beperkt gebleven tot 74 dagen. De ministeriële loopbaan van Anissa Temsamani zat er na tweeënhalve maand al op. Ik vond het jammer, want ik was blij dat er eindelijk een gekleurde vrouw in de regering zat. Ook al had ze geen belangrijke portefeuille gekregen. Maar wat maakt het in deze regering uit of je een belangrijke portefeuille hebt? Stevaert en Verhofstadt maken toch de dienst uit.

Temsamani was staatssecretaris van Welzijn op het Werk. Wat dat inhoudt, is me niet duidelijk. Ik veronderstel dat het te maken heeft met de aangename dingen: op tijd een koffietje, geen stof en de prullenmanden en asbakken geleegd. De yuppies in deze paarse regering mogen geen gekleurde vrouw zien of ze denken dat het een schoonmaakster is.

Bovendien is Temsamani een alleenstaande moeder. Ze zullen gedacht hebben: als we haar een job geven, scoren we heel veel politiek correcte punten. Enfin, die vooruitgang hebben we in elk geval gemaakt. Vroeger was het feit dat je een 'alleenstaande moeder' was, een zonde en een rem op je verdere loopbaan. Laat staan dat je 'ongehuwde moeder' was. Nu is het een springplank! Prima. Het is, denk ik, begonnen met Leona Detiège, daarna met brio en veel openheid verdergezet door Margriet Hermans. En nu zitten we in de generatie van Freya en Anissa.

Maar de alleenstaande moeder Temsamani stond zeer snel wel heel alleen... Wat ze precies misdaan had om ontslag te nemen, is me nooit echt duidelijk geworden. Ik vind dat een alleenstaande moeder alles mag doen om in het onderhoud van haar kind te voorzien. Ze had ook in de prostitutie, winkeldiefstal of drugshandel kunnen gaan.

Maar och arme, ze had de waarheid een beetje in haar eigen voordeel geweld aangedaan. Als dat in de politiek al een reden is om ontslag te nemen, dan was Verhofstadt geen duizend seconden premier gebleven! Een beetje liegen, dat is toch wat politici doen? Dat is een denkoefening.

Er klopte iets niet met Temsamani's diploma. Kan mij het schelen wat voor diploma die vrouw heeft? Zoiets vraag je toch niet aan een aantrekkelijke vrouw? Je vraagt hooguit wat ze wil drinken. En misschien of ze al getrouwd is...

Ik heb nog nooit naar iemands diploma gevraagd. Zelfs niet aan de bakker of de loodgieter. Ik heb me wel al een paar keer afgevraagd: 'hoe ben jij in godsnaam aan je diploma gekomen?' maar dat is een ander verhaal. Mijn coiffeur heeft een diploma aan zijn muur hangen. Maar of dat betekent dat hij goed is? Vragen naar een diploma vind ik gek. Zelfs aan mijn dokter zou ik dat niet durven vragen.

Ik heb wel al de drang gevoeld om het te vragen aan een chirurg, toen hij me aan de vooravond van een operatie kwam zeggen dat alles in orde zou komen. En mij tegelijk vroeg of ik 'precies wist wat er moest gebeuren...' Ik mag hopen dat u dat weet, dacht ik een beetje verschrikt. Maar ik realiseerde me toen opeens zeer goed dat er ook bij de dokters aan de universiteit iemand de laatste van de klas was. En dat die man of vrouw vandaag ook ergens in het land een praktijk heeft...

Zo sexy als een sos!

Soms als ik naar tv zit te kijken, vraag ik mij af: is *Villa Politica* nu al gestart of is Ketnet nog niet afgelopen? We hebben vandaag ministers die jonger zijn dan de zangeressen van K3!

Stevaert zegt heel fier dat Verhofstadt II de meest groene regering is die België ooit gehad heeft. Hij heeft gelijk, ze is totaal onrijp! Al die piepjonge ministers! Sommigen zouden nog makkelijk mee kunnen doen aan *Eurosong voor Kids*.

Je leest het wel eens in een biografie, dat iemand in de wieg gelegd is voor de politiek... In ons land nemen ze je uit de wieg om je direct minister te maken! Vroeger ging een politicus hooguit een paar jaar mee, per slot waren ze dikwijls al bijna gepensioneerd. Nu zetten ouders hun kleine 's morgens af bij de onthaalmoeder en als ze die 's avonds weer oppikken, blijkt dat hij de eed heeft afgelegd als minister.

Sommigen zijn zo jong dat ze niet eens de tijd hebben om eerst een diploma te halen! Ik kan zeer goed begrijpen dat twaalfjarigen tijdens het weekend naar een fuif willen en zich eens goed willen bezatten. Voor ze het weten, hebben ze regeringsverantwoordelijkheid en dan is het te laat. Het ministerschap is de enige job in dit land waar geen enkele ervaring voor is vereist.

Je kunt dat merken aan het beleid. Aan de andere kant betekent het ook dat mensen gelijke kansen krijgen. Enfin, die met een Belgische nationaliteit dan toch. De Gucht heeft liever een blanke Belg van achttien dan een geleerde allochtoon op een verantwoordelijke post.

De reden waarom men nu zo jong minister kan worden, is misschien omdat de voorzitters van de politieke partijen *babes* verwarren met baby's.

En ik ben de laatste om te betreuren dat er nu eindelijk een paar schone vrouwen in de politiek zitten. Laten we wel zijn: Freya mag gezien worden. Ook al is Freya's beleid niet opwindend, haar erotische gehalte is van een andere orde dan dat van Leona. Nu ja, dat heeft voor haar aanbidders het voordeel dat ze niet afgeleid worden door hetgeen ze zegt.

Het hoeft daarom ook niet zo ver te gaan dat vrouwelijke politici voor de micro gaan staan kreunen zoals Kathleen Van Brempt, de Rooie Hijgster. Dat is meer iets voor tennismeisjes. Maar eerlijk is eerlijk: de Vlaamse socialisten hebben moeite gedaan het decor wat op te frissen. Je ziet daaraan dat het ABVV binnen de sp.a minder invloed heeft dan in de rest van de samenleving. Hoewel ik het niet helemaal eens ben met de slogan 'Socialisme is sexy'.

Ik zie dan steeds weer ook dat hoofd van Vande Lanotte voor me. Dat is niet sexy maar kinky! Socialisme is sexy? Ik kan me niet inbeelden dat je er succesvol mee verleidt: 'Je bent zo sexy als een sos!'

Een pluim op de hoed!

Pluimvee speelt sinds mensenheugenis een belangrijke rol in België. De Walen hebben een haan in de vlag, de Brusselaars zijn kiekenfretters en de Vlamingen zijn duivenmelkers of vinkenzetters. Met een naam als Dehaene, Vinck of Vogels gaan deuren makkelijker open. Wie met een ei zit, kan op begrip rekenen en zelfs de eerste in het Vlaams geschreven zin gaat over 'Olla Vogala'!

Het was daarom een hele eer dat ik vorig jaar werd gevraagd om ambassadeur te worden van de Vlaamse Vogelbescherming. Het Amnesty International van het pluimvee.

Hoe ze bij mij kwamen weet ik nog altijd niet. Misschien wek ik de indruk dat ik de mens heb opgegeven? Soit, ik zou dus mijn 'stem moeten lenen aan de vogels'. Zo luidde tenminste de vraag. 'Dan kunnen die beestjes ongegeneerd hun liedjes zingen en wormen eten...' Ik heb tegen de vogels gezegd: 'Ik wil jullie woordvoerder zijn, maar jullie blijven zelf de eieren leggen.'

Ondertussen heb ik wel wat geleerd over vogels. Zo weet ik nu hoe lang een kip leeft: tot de volgende verkiezingen. Mocht je een enquête houden onder de kippen, dan zou blijken dat die niet uitkijken naar de volgende verkiezingen. Democratie kan hen gestolen worden! In de kippenren zweren ze bij de ouderwetse pikorde.

Toch kennen we het beeld inmiddels: als de kiekens met hele vrachtwagens naar het stort worden gebracht, dan is het zover! Dan zijn er verkiezingen op komst. Er brak namelijk vogelpest uit in Nederland en ondanks onze groene minister moest alles met pluimen in België afgeslacht worden: kippen, kalkoenen, eenden, pauwen, ganzen... kortom 'olla vogala'!

Eén vogel bleef echter gespaard: de ooievaar! Dat is begrijpelijk. Als je de ooievaar uitroeit, verlies je het gevecht tegen de vergrijzing. Maar dat hebben we dan ook geweten. Je kon de tv niet aanzetten of er werd een kindje bezorgd. Tjonge, er is me daar een hoeveelheid water gebroken op de Vlaamse tv. En dan ook nog eens op alle zenders tegelijk. Als je na een halfuurtje meepuffen wegzapte, kwam je zo in een nieuwe opening terecht! Wat ben ik blij dat ik nog geen breedbeeldtelevisie heb.

Er zijn waanzinnig veel kindjes geboren in ons land. Zelfs in het koninklijk paleis was er sprake van een babyboom. Die ooievaar trekt zich duidelijk niets aan van het vliegverbod boven Laken. Uit goede bron heb ik trouwens vernomen dat de ooievaar zich vroeger ook niet veel aan dat overvliegverbod boven Laken gelegen liet liggen. Maar dat niet iedereen daar begreep wat die ooievaar eigenlijk kwam doen.

Waarschijnlijk dacht Fabiola dat de ooievaar pluimen kwam brengen voor op haar hoed. En dat ze zomaar zijn veren mocht uittrekken! Vanwege weer een verkeerd begrepen vertaling uit het Nederlands, vrees ik: 'De ooievaar is een trekvogel.'

TERRASLIBERALISME

Een dag na de verkiezingen was het plots gedaan met de vogelpest. Voorlopig toch. Niks meer over gehoord, niks meer over
gelezen; nog onvindbaarder dan massavernietigingswapens
van Saddam Hoessein! Maar ik geef het je op een briefje, die
vogelpest was een tactiek van Karel De Gucht en Guy
Verhofstadt om tegenstanders uit te schakelen. Eerst de CD&V
gekortwiekt met die eenmalige (!) dioxinecrisis en daarna
Agalev geruimd met de vogelpest.

Al wat vleugels heeft moest eraan geloven: Dehaene, Vogels,
Sabena, Sobelair... De Gucht en Verhofstadt gingen zelfs verder in eigen rangen; Jaak Gabriëls hebben ze vleugellam gemaakt, ondanks zijn engelachtige achternaam.

En Rik Daems... die heeft weliswaar geen vleugels, maar hij is
wel een kieken.

Zoals die van tevredenheid glimmende Rik in *Dag Allemaal*
wijdbeens poseerde op zijn terrastrap! Wat een villa heeft die
Daems! Jongen, hoeveel facteurs zouden daar aan gemetst
hebben? Hij moet hard hebben gewerkt om er zo'n Villa
Politica aan over te houden. Rik heeft niet al zijn zwart geld in
het buitenland staan! Zeker niet.

Ik gun Daems zijn villa, maar zijn uitspraken over werklozen
waren op zijn zachtst gezegd feodaal. Na het salonsocialisme
krijgen we nu terrasliberalisme! Rik Daems verwarde werk-
loos zijn met niets te doen hebben en gemeenschapsdienst
met een avondje eten en drinken in een serviceclub!

Weet je, soms, als ik wat grapjes heb gemaakt over een politicus en na de verkiezingen raakt zo iemand zijn job kwijt, dan
voel ik mij niet op mijn gemak. En 's nachts lig ik dan in mijn
bedje te draaien. 'Geert, doe eens wat rustiger', zegt mijn

meisje dan. 'Waarom kun je niet slapen? Waar denk je aan?' Op zo'n moment ben ik dan gelukkig wakker genoeg om mijn relatie niet op het spel te zetten en te antwoorden: 'Rik Daems.' Dus zeg ik: 'Aan niets...' En dan lieg ik eigenlijk niet.

Gelukkig reageerde Daems heel sportief toen hij geen portefeuille meer kreeg in de nieuwe regering. Hij vond dat zelf een hele vooruitgang!
Wij ook...

Meer blauw op straat

In het voorjaar van 2003 werd een handjevol liberale ministers, met Jaak Gabriëls voorop, opeens door de eigen 'club' buitengezwierd. Wegens te oud. Het leek wel een collectief ontslag! Verhofstadt en De Gucht hadden inderdaad beloofd dat er 'meer blauw op straat' zou komen, maar wie had gedacht dat ze dat zo bedoelden? De betrokkenen zeker niet. Zelfs voetbaltrainers worden fatsoenlijker behandeld.

Het was verwarrend. Vroeger moest een minister echt nog iets misdaan hebben voor hij zijn voortijdig ontslag nam of kreeg. Enfin, dat gebeurde af en toe wel eens... Bij CVP en SP wist je dat er om de zoveel tijd iemand ontslag moest nemen omdat hij gefoefeld had. Of bij Agalev omdat ze iets doms gedaan hadden, of niet opgelet. Zo krijg je automatisch vernieuwing, verjonging of verruiming.

Maar bij de VLD zijn alle mandatarissen zo correct, zo zuiver, dat er kunstgrepen bedacht moesten worden. Dit was niet 'durven vernieuwen', het leek verdacht veel op grote kuis! En dan ook nog bij eigen volk eerst. Niemand die zich een paar weken later nog herinnerde om wie het ging. Zelfs de betrokkenen waren zichzelf vergeten. En hun ministerschap.

Het was een kleine interne politieke afrekening en tegelijkertijd een gruweloplossing voor de vergrijzing: wegjagen van de oudjes, het politieke bos in! Het is sinds het opzijzetten van Wilfried Martens niet meer voorgekomen dat een partij zo overduidelijk van haar eigen mensen af wilde.

De Gucht riep luidkeels dat de VLD wilde verjongen. Wat een onzin. Het eerste wat je die jonge VLD-mandatarissen hoort zeggen, is dat we 'langer zullen moeten blijven werken...' En daarbij kijken ze naar De Gucht met een blik van 'Durf ons nu maar eens te ontslaan... Wij gaan minstens door tot 2016!'

Ach, Karel droomt van een brede volkspartij die geleid wordt door blauwe, blanke, blonde blaaskaken, inderdaad: 'blablabla-bla'.

Dit was zeker niet de algemene verjonging waarvan sprake, anders was De Croo ook al lang naar Rendac afgevoerd. Ik weet niet hoe oud Herman is, maar hij spreekt nog Middel-nederlands! Verhofstadt zal over De Croo denken: die hoef ik niet te vervangen, nog één hete zomer in zijn vakantiehuisje in Frankrijk en ik ben van die bejaarde verlost.

Het gekke is, dat je voortdurend hoort dat we langer zullen moeten werken, maar dat je in de politiek na je vijfenveertigste met pensioen wordt gestuurd. Dan ben je zeker nog jong ge-noeg, voor een vlotte uitstapregeling? Zelfs sporters gaan lan-ger door. Kijk maar naar Danny Verlinden, Mario De Clercq en Raymond Ceulemans! Nee, jullie geven het slechte voor-beeld, jongens!

De enige die zich aan het motto van 'langer blijven werken' lijkt te houden, is onze koning. Die blijft tot zijn tachtigste aan de slag. Albert gaat de kant op van de paus. Het is maar goed, dat hij pas rond zijn zestigste is begonnen. Opmerke-lijk: bij ons volgen kinderen van ministers hun ouders sneller op, dan prinsen hun vader. Als dit zo verder gaat, dan wordt Elisabeth pas koningin als hààr kleinkinderen volwassen zijn.

Ik weet niet wat tegen die tijd het argument is om een minis-ter te ontslaan. Wellicht is één grijs haartje binnenkort ge-noeg om je job te verliezen. Niet meer al je tanden hebben? Je krijgt een nieuw gebit gratis, maar je bent wel je baan kwijt!

Soms denk ik dat toen Guy na de verkiezingen bij de koning moest komen, hun gesprek net zo verliep als de gesprekken in het huis van *Big Brother*. Dat Verhofstadt de dagboekkamer binnenging en daar die stem hoorde:

- 'Guy.'
- 'Ja, Big Brother.'
- 'Wie wilt gij deze keer nomineren?'
- 'Moet dat echt Big Brother? Het zijn allemaal mijn vrienden, ik kan zo moeilijk kiezen.'
- 'Ik moet de namen horen.'
- 'Ik zou kiezen voor Daems, Gabriëls en Vanhengel... dat zijn goeie mensen.'
- 'Zijt gij helemaal zeker, Guy?'
- 'Ja, die drie nomineer ik!'
- 'Wel Guy, dit jaar is het omgekeerd. De reglementen zijn veranderd in 2003. De genomineerden mogen niet meer meedoen.'
- 'Fuck you, Big Brother!'

EEN STEL SOEPKIPPEN

Ik vond het echt jammer dat de groenen na de parlementsverkiezingen uit de federale regering en het parlement verdwenen. De politiek werd daardoor weer wat kleurlozer. Gedaan met het verbod om je gras af te rijden. Gedaan met de
parlementaire discussie over in welke zak het lege botervlootje
hoort. En gedaan met de zalige illusie dat je, door de bananen-
schillen niet bij het oud papier te gooien, de aarde van de on-
dergang redt.

Helaas was deze verkiezingsnederlaag niet te vermijden. Want
ze hadden van Verhofstadt al die rottige departementen gekregen waarop je in België alleen maar kàn uitglijden: Mobiliteit, de Spoorwegen, Milieu, Gezondheid, etc. Welke minister
van welke partij heeft daar in dit land ooit wèl iets van gemaakt? Een oplossing voor de files? De liberalen stonden al-
vast niet in de rij om hun handen daaraan te branden.

Waarom denk je dat Verhofstadt de portefeuille Mobiliteit aan
Bert Anciaux doorgegeven heeft? Aan Bertje zul je straks niet
kunnen zien of iets al dan niet lukt, huilen doet hij toch!

Hij zal overigens nog heel erg zijn best mogen doen eer hij
ons Decibelle Durant laat vergeten in zijn eeuwige strijd tegen het nachtlawaai. Ik verwacht daarom fantastische maatregelen van Bert tegen de geluidshinder in Zaventem! De
nachtvluchten ondergronds? Of het inzetten van zweef-
vliegtuigen? Reflecterende dakpannen! Wat dacht je van
fluisterasfalt boven de Noordring? Of het verlenen van subsi-
dies - uitsluitend aan doven - om in de lawaaizone te gaan
wonen.

Anciaux moet successen boeken, want het resultaat van vier jaar groen in de regering was niet dat de files verdwenen of het nachtlawaai... Agalev en Ecolo verdwenen zelf! Uitgestorven. De groenen kregen nog één gecoöpteerde senator, De Roeck. Niet voor niets een soort kraai. De Roeck mocht één door Stevaert gewonnen zetel recycleren. Niet iedereen begreep dat. Eerst vluchten de mensen weg van Agalev, stemmen sp.a en dan geeft de sp.a die zetel weg aan Agalev. Bij wijze van politieke spullenhulp.

Alle traditionele ecologische kopstukken zijn verdwenen. Gestruikeld over een milieuonvriendelijke kiesdrempel. Je zou hun ex-goeroe pater Versteylen kunnen persifleren: ze hadden de juiste draai niet gevonden. Er was geen reden om te 'jubelen'. Ze waren nog voor het zingen het parlement uit...

Wel zeiden alle groene jongens en meisjes, dat ze nu eerst een tijdje gingen nadenken. Te laat natuurlijk. Had dat dan toch gedaan toen je nog minister was, dat nadenken! Stelletje soepkippen.

De crisis zat diep bij Agalev. Ze sloegen ook elkaar na de verkiezingsramp meteen de hersens in. Wat bleek? Ze hadden het gebruik van gif overal verboden, behalve in hun onderlinge dialogen.

GROEN UITROEPTEKEN

De groene pretbedervers pasten ook niet meer in het paarse plaatje. Wedden dat ze tegen Bart Somers' Olympische Spelen waren geweest? Om ecologische redenen hadden ze willen verbieden dat de olympische vlam dag en nacht zou branden! Die had op z'n minst vervangen moeten worden door zo'n wapperend oranje vodje van bij Blokker!

Ze waren overal tegen. In de ogen van de andere partijen waren de groenen niet meer dan dwarsliggers geworden. Lastig onkruid in de roodblauwe modeltuin.

Iedereen kapte op de groenen. En als er iets is waar groenen niet tegen kunnen, dan is het kappen. Zeker zo kort voor de verkiezingen was Groen! vogelvrij. Zelfs volgens de uitgeholde genocidewet kan de paarse regering vervolgd worden voor een poging tot uitroeien van de groenen. De meeste politici waren kritischer voor de groenen dan voor het Vlaams Blok.

Veel groene ex-ministers vielen in een diep gat toen ze hun baan kwijtraakten. Vogels en Tavernier staan weer voor de klas, maar veel anderen wisten niet wat ze moesten gaan doen. En dat is hun eigen schuld. Ze pesten hun buren met het gekakel en gekraai van hun afvalverwerkende kippen. Ze mogen geen gras maaien, moeten de klimop uitroeien en ze mogen geen barbecue organiseren voor hun vrienden. Enfin, uit hun stemmenaantal bleek dat ze die toch al niet meer hadden ...

Het is wrang voor ze. Met hart en ziel opkomen voor duurzame ontwikkeling en dan zelf maar één kabinetsperiode meegaan. Uiteindelijk zijn de groenen nu zelf een bedreigde soort! Op hun partijcongres in november 2003 was zelfs een cameraploeg van *National Geographic* aanwezig om de laatste groene exemplaren vast te leggen op film.

Tijdens het congres werd een nieuwe naam gekozen. Groen! Inderdaad Groen met een uitroepteken. Hoe moet je dat uitspreken? Moet je die naam schreeuwen? En toch opkomen tegen lawaaihinder! En wat zeg je dan 's nachts?

De reden waarom de 'ecologisten' uitdrukkelijk voor de naam en de kleur groen kozen, had alles te maken met de strijd tegen de socialisten. Groen! wilde zich onderscheiden van rood. Maar veel oud-Agalev'ers schaamden zich inmiddels zo voor hun eigen ex-partij, dat ze spontaan rood kleurden.

Ik weet niet of de naam Groen! de partij zal redden. Zelfs de *Hulk* kon Agalev niet meer redden. En die was toch ook groen!?

Daarover 4

Komt er na de fiscale amnestie nu ook amnestie voor mensen die nog geen **REFLECTERENDE** nummerplaat hebben?

Steeds meer kinderen **spijbelen**! En onmiddellijk is iedereen kwaad op die jongeren. Waarom toch? Misschien oefenen ze gewoon om later volksvertegenwoordiger te worden...

Hoogtevrees. Ik ben niet zo bang voor de hoogte, maar eerder voor het vallen van die hoogte.

Somber kijkende lezer: 'Zuiderzinnen, Het Andere Boek, De Gouden Uil, de Boekenbeurs... Door al die **literaire evenementen en feesten** bij te wonen ben ik al vijf jaar niet meer aan het lezen van een boek toegekomen.'

Krantenbericht: Oudste man ter wereld (114) overleden. Ja, echt **verrassend** kun je zo'n bericht niet noemen.

Wallonië wil ook een stuk van de Olympische Spelen. Van mij mogen ze de **startpistolen** leveren.

Ryanair schrapt nog meer **service en luxe**. Nog even en ze gaan staanplaatsen verkopen.

Dialoog op het Filmfestival van Gent:
'Heb je **DE ZAAK ALZHEIMER** gezien?'
'Ik zou het niet meer weten.'

Belgacom gaat naar de **beurs** ? Belgacom gaat al jaren naar mijn beurs!

Ex-minister Vogels gaat weer lesgeven, ex-ex-minister Tavernier gaat weer lesgeven. Alsof die groenen ooit gestopt waren met **lesgeven**.

Als **Jacques Brel** geweten had dat werkelijk iedereen van hem hield, dan had hij nooit zulke scherpe liedjes geschreven.

Ook prins Karel had dus **EEN BEHEIME DOCHTER**. Sommige families zijn herkenbaar aan hun gewoontes.

Het absolute hoogtepunt uit **Big Brother** 2003 was de wekelijkse mededeling van Walter Grootaers: 'We gaan er even uit voor reclame.'

Waarom de laatste etappe van de Tour in Schoten moet worden gereden!

Natuurlijk zit ook ik volkomen in beslag genomen voor de tv als de Ronde door Frankrijk trekt. Rekenend, nagelbijtend, aanmoedigend en vooral bewonderend. Wat zien ze weer af, wat lijden ze weer en wat maken de renners weer duidelijk hoe de wereld in elkaar zit. Meesters en knechten, adjudanten, waterdragers en kopmannen. Helden en sukkelaars. Mooier kan het niet.

En toch is er de laatste jaren iets in de Tour geslopen wat, vals en vuig, de eerlijke strijd meer bederft dan de strafste doping. Zelfs die stompzinnigen die in de weg lopen om een fotootje te nemen als de matadors, op sterven na dood, de laatste kilometers omhoog klauwen naar de top van een boomloze, alle energie opslorpende col, zijn minder erg. Minder erg in elk geval, dan die wratten van spelbederf die overal in Frankrijk zijn neergelegd: de rotondes.

Want zwaarder dan een zware bergrit, complexer dan het gewurm op smalle kasseien en inspannender dan in een waaier rijden, is het eindeloze gedraai op rotondes. Iedere massasprint waarvoor je toch je adem inhoudt, wordt erdoor naar de vaantjes geholpen. De trein ontspoort en de controle is onhoudbaar, als het compacte peloton in de laatste duizelingwekkende kilometers naar de aankomst telkens gekliefd wordt door die levenloze sluipmoordenaars, die stielbedervers, die wedstrijdvervalsers, die vreselijke ronde punten. Beeld je in dat er kruispunten zouden zijn op een Formule 1-circuit!

Tourliefhebbers moeten ertegen in opstand komen. Pistiers moeten naar de Zesdaagsen afzakken, niet naar de Ronde van Frankrijk. Nog een paar ronde punten meer en zelfs Etienne De Wilde zit straks nog in het geel. Dit kan niet verder. In een

brede rechte lijn naar de aankomst voor een massasprint. Zo moet dat.

Pas op, ze bederven niet alleen de koers. Ze leveren verschrikkelijk gevaarlijke situaties op, want verstokte wielersupporters denken nu ook dat je linksom een rotonde kunt nemen. Met de auto! Want dat zien ze gebeuren in de koers. Levensgevaarlijk! Het zou me niet verbazen als de uitvinder van de rotonde door de genocidewet voor de rechter kan worden gedaagd.

Voor Canvas heb ik een serie programma's gemaakt waarin ik dieper inga op het *rond-point*! De zoektocht naar hoe je een rotonde in volle spurt moet nemen (door toekomstig olympisch kampioen Filip Meirhaeghe gedemonstreerd: gewoonweg rechtdoor) bracht me in Schoten. Want daar hebben ze een verwijderbaar rond punt gebouwd. Dat afgebroken wordt als de Grote Scheldeprijs wordt gereden.

Zo betoon je eer aan de wielersport. Niet alleen wegen afzetten en dranghekken plaatsen, maar hele wegen verplaatsen. Laat Schoten een voorbeeld zijn voor alle ander koersen. Kasseien die uitsluitend voor Parijs-Roubaix gelegd worden. Klimmetjes die in de Ronde van Vlaanderen extra steil gemaakt en daarna voor de gewone stervelingen weer geplet worden. Zachter asfalt op de dag dat de Tour over een col gaat. Zodat de wieltjes nog meer plakken en kleven en de strijd nog heviger wordt.

Eigenlijk zou ook de oer-rotonde, de Place de l' Etoile met daarop de Arc de Triomphe op de laatste dag van de Tour moeten wijken, zodat de renners niet tijdens de slotrit nog eens extra aan de rotondedrama's van de voorafgaande weken worden herinnerd. En als dat niet zou kunnen? Dan gewoon de slotetappe van de Tour naar Schoten halen om aan de hele wereld te tonen, wat een beschaafd land overheeft, over moet hebben, voor de wielersport.

PLANCKAERTS EN PFAFFS

Vorig jaar werd bekendgemaakt dat dertien procent van de Belgen onder de armoedegrens leeft. Als 13 ooit voor ongeluk stond... Maar 'daarmee doen we het veel beter dan een heleboel andere landen', werd er trots bij verteld in de pers. En dus moeten die armen niet klagen! Ze hadden ook in een land kunnen wonen, waar veel meer mensen straatarm zijn. Je kunt dus cynisch opmerken, dat bij ons de armen dreigen uit te sterven! Geniet er daarom van zolang ze nog bestaan.

Het verbaast me dan ook niet dat de Planckaerts zo populair zijn. 'We zijn goe bezig!' In 2003 is er eigenlijk maar één nieuwe rijke bijgekomen in ons land: Olivier de Rijke. En die bleek niet eens echt rijk, vertelde hij in de laatste aflevering van het gelijknamige programma. Hij speelde dat hij rijk was en die meisjes speelden dat ze verliefd op hem werden. En de kijkers deden dan weer of ze dat boeiende tv vonden. Waarom leven we toch in een land waar de mensen niets liever doen dan elkaar bij de neus nemen? Waarschijnlijk omdat de politici daarin het voorbeeld geven.

Dertien procent armen dus. Eigenlijk verbaast mij dat niet, als je leest dat zelfs de minister van Economische Zaken last heeft van vlooien! Of was dat misschien ook niet waar?

De aanhangers van complottheorieën zouden kunnen denken dat er een uitgekiend plan achter zit om ons voor te bereiden op een paar magere jaren. Eerst krijgen we weken achtereen een vrolijke, straatarme bende ongeregeld te zien. De familie Planckaert. Eddy is failliet gegaan en hij en zijn gezin hebben geen nagel om aan hun plank te krabben. En, opmerkelijk toch, dat kan hen duidelijk niets schelen. Want in een bad van familieliefde en optimisme zitten ze hele dagen te lachen en gelukkig te zijn... Eddy stralend: 'We zijn juist blij en tevreden met wat we allemaal niet hebben. Arm is uitein-

delijk veel prettiger, dan rijk...' Liever arm en gelukkig, dan rijk en gelukkig.

En juist dan wordt er een studie gepresenteerd, waaruit blijkt dat dertien procent van de Belgen onder de armoedegrens leeft. En wat is de reactie van de regering, in plaats van zich diep te schamen? 'Dat is helemaal niet erg, arm zijn. Neem een voorbeeld aan de Planckaerts!' Armoede zal gezellig zijn of niet zijn.

De Planckaerts? De plantrekkers! Nee, om hen hoeven we ons geen zorgen te maken. Wie gezien heeft hoe ze elektriciteit maken uit een tweedehands diesel zonder wielen, weet dat als er ooit een stroompanne komt in België, de Planckaerts er geen last van zullen hebben! Wat een opluchting.

Alleen een paar zeveraars vinden het schrijnend hoe men de miserie van die familie tot televisieamusement omtovert. Trouwens, als die lui zo graag arm zijn, waarom vragen ze dan een vermogen om hun financiële put te laten filmen?

Bij de Pfaffs is dat anders. Dat is dan ook geen gevecht met armoede maar met populariteit. De Pfaffs zwemmen in een villa in Brasschaat, de Planckaerts ploeteren in een hut in de Ardennen.

Voetballers en wielrenners

Er is sowieso een groot verschil tussen wielrenners en voetballers. Voetballers zijn vedetten. Ze krijgen gouden schoenen of kunnen ze kopen. Ze verschijnen op glitterfeestjes. Ze zitten altijd goed in de kleren. Ze defileren zelfs mee op de catwalk tijdens modeshows! Wielrenners verliezen al hun souplesse als ze geen pedalen onder de voeten hebben. 'De pedalen kwijt zijn', het spreekt ook voor zich. Als je een wielrenner ziet lopen, zou je spontaan een rolstoel halen...

Voetballers zijn verschrikkelijk ijdel en bovendien zo gek op elkaar dat ze na de wedstrijd elkaars shirtjes willen dragen! Dat bewijst trouwens dat ze niet hard hoeven te werken. Mochten die shirtjes naar zweet ruiken en doorweekt zijn, dan zouden die jongens dat niet doen. En na een doelpunt storten en vergrijpen ze zich op en aan elkaar! Na een ritoverwinning geven renners elkaar keurig een hand.

Voetballers zitten op fitness, liggen in jacuzzi's en krijgen spiermassages. Ze pronken graag met hun fysiek. Als ze scoren, trekken ze hun shirt uit en tonen hun bloot bovenlijf. Als een wielrenner een rit wint, krijgt hij nog een extra trui aan!

En dan wordt er hen, net voor ze op de foto moeten, nog vlug een koersklakske op het hoofd gedrukt. Zoals dat altijd gegaan is. Mocht je dat doen bij een voetballer, je zou de ziekenboeg in gestampt worden! Menig voetballer besteedt meer aandacht aan zijn haar dan aan zijn traptechniek. Als voetballers twee uur trainen, zijn negentig minuten gereserveerd voor haarverzorging! Voordat zo iemand dan ook een pothelm opzet...

Voetballers zijn trendsetters in modieuze kapsels. En wielrenners? Die zijn hoogstens trendsetters in laminaat en vloerlijmen. Roger De Vlaeminck pakt uit met zijn 'haartransplan-

tatie'. Dat zegt genoeg. Wielrenners hebben niet zoveel geluk met hun haar. Kijk nu eens naar het kapsel van halfgod Johan Museeuw. Zijn haar groeit op zo'n matje waarop men normaal waterkers of alfalfa zaait!

Dat het parket zich geen vragen stelt over dat kapsel, dat is op het randje van schending van de openbare orde! In plaats van in de garages van de wielrenners te zoeken naar doping, zouden ze beter eens beslag laten leggen op de shampoos uit de badkamer!

Dat je naar een verdachte veearts belt en vraagt om 'een gesneden brood' tot daar aan toe, maar voor je haar ga je niet naar Tonton Tapis!

Veeartsen en wielrenners

Een van de vreemdste verhalen van het voorbije jaar: wielrenners die op consult gaan bij de veearts. Wie had daar ooit van gehoord? Ik niet! Je ziet tijdens de Ronde van Frankrijk wel eens een paard meelopen met het peloton, dat wel. Maar ik had nooit gedacht dat dat was omdat die beesten de renners herkennen van uit de wachtzaal van de veearts!

In een land waar de bondscoach van de wielrenners José De Cauwer heet, kan je veel verwachten, maar toch niet dat de wielrenners zichzelf beschouwen als herkauwers!

Vanuit het standpunt van de veeartsen begrijp ik het wel. Als je om de zoveel jaar alle kippen, varkens en schapen afgeslacht ziet worden, dan moet je op zoek naar nieuwe klanten. Maar vanuit het standpunt van de wielrenners?! Dat koersen een beestenjob is, dat wisten we al, maar dat coureurs zich dan ook gedragen als ezels?

Wanneer zeg je tegen je vrouw: 'Ik ga nog eens langs de veearts. Ik reed daarnet langs een wei en zag een koe staan, waarvan ik dacht: zulke billen zou ik ook willen!'

Op zich is het een vooruitgang, dat wielrenners nu een veearts bezoeken en niet alleen schimmige verzorgers of *soigneurs* hebben. Maar we moeten de coureurs toch waarschuwen. Als ze zo blijven doorgaan, worden ze straks verhandeld op de veemarkt. Dan lopen ze het risico dat, als ze nog eens betrapt worden hen geen schorsing wacht, maar dat ze preventief geslacht worden.

Het parket was erachter gekomen dat er renners waren die belden naar een dierenarts en vroegen om 'wespen, kevers en gesneden brood'! Ik zou het nog geloofwaardig vinden als het om een lijst met de bezittingen van Eddy Planckaert zou gaan.

Anders is het opsommen van 'wespen', 'kevers' en 'gesneden brood' toch riskant. Zo'n vreemde combinatie van woorden is om moeilijkheden vragen, want je moet meteen denken aan een ziekte. Of erger nog: aan een gedicht van Mark Eyskens.

Het parket vond het allemaal verdacht en vermoedde terecht dat achter 'wespen, kevers en gesneden brood' een geheime code schuilging. Als die renner en die dierenarts over Pax, Ivar, Billy en Visdalen hadden gesproken, dan hadden de onderzoekers gedacht: 'niets aan de hand, die hebben het over meubels van IKEA!' Als je die in elkaar wilt zetten heb je overigens meer aan kalmerende dan aan stimulerende middelen.

Wat ik dan wel weer heel raar vond, is dat het parket uit het telefoongesprek opmaakte dat de wielrenner Chinees sprak. Er zit niets van Chinees in 'wespen, kevers en gesneden brood'! Mocht die renner nu nog 'kevels' of 'gesneden bloot' gezegd hebben. Of 'de nummers 3, 12 en 34 met gebakken rijst...'

Sinds VDB heeft toegegeven dat hij doping voor zijn honden bij de veearts koopt, worden de gesprekken van wielrenners met hun veearts stelselmatig afgeluisterd.

Johan en Paola

Johan Museeuw, de 'Leeuw van Vlaanderen', werd door de gerechtelijke politie ondervraagd omdat hij naar een veearts had gebeld. Men vond dat verdacht. Waarom eigenlijk? Als je van jezelf vindt dat je een leeuw bent, dan is het logisch dat je je heil zoekt bij een veearts.

Bovendien is Museeuw onlangs gestopt, na een fantastische carrière, met wielrennen. Wie zegt dat hij niet wil beginnen boeren? Zoals Sean Kelly en Bernard Hinault hem hebben voorgedaan? En dat hij daarom met een veearts wilde spreken?

Als Johan Museeuw naar een veearts belt om twee kevers, staat het land op zijn kop. Als Paola naar een artiest belt om een miljoen kevers tegen haar plafond te plakken, is er niemand die opkijkt... Behalve de bezoekers van het koninklijk paleis, die naar die kevers komen kijken.

Maar misschien is Johan het zoveelste West-Vlaamse business-wonderkind met een scherp zakelijk instinct, en denkt Johan: straks zijn die kevers in het paleis van Laken aan vervanging toe en dan kan ik die leveren! Misschien ziet hij (gesneden) brood in een kwekerij van kevers en wespen?

In dat licht zijn een paar telefoontjes met een veearts over die materie helemaal niet abnormaal of verdacht. Want waar moet je bijvoorbeeld kevers kopen? Ik zou het niet meteen weten. Ik heb nog nooit kevers zien liggen in de rekken in de supermarkt. Er zit wel eens een vliegje op een sla in de Delhaize. Dat wel. Zeker die uit het biorek. En er verscheen een opmerkelijk artikel in de krant over een vrouw die gebeten werd door een rat terwijl ze iets uit het schap haalde in de Carrefour!

Bij Colruyt ontdekten werknemers zelfs een paar keer cocaïne tussen de bananen! Stel je voor: *cocaïne at the Colruyt, man. Yeah, Cool-ruyt (koelroit), man.* Tot voor een paar jaar lagen er nog ponskaarten in de Colruyt, nu cocaïne! 'Zolang de voorraad strekt!' En dan zijn ze verbaasd dat er af en toe criminelen langskomen vlak voor sluitingstijd!

Daar heeft de Aldi geen last van. Je hoort of leest zelden dat een Aldi overvallen wordt. Ik herinner mij wel een bericht dat een volledige winkel van Aldi was uitgebrand. De totale schade werd geraamd op 399 euro!

ZEEMVELLEN EN BIEFSTUKKEN

Ik ben een wielerfan. Zoals kinderen nu tennisfan zijn, was ik wielerfan. Toen ik nog een kleuter was, won Eddy Merckx zijn eerste wereldtitel. Hoewel ik mij geen details herinner, galmt het televisieverslag tot op heden in mijn hoofd. Duizenden keren heb ook ik met knikkers en speelgoedrennertjes een millimeterspurt nagespeeld tussen Gianni Motta en Eddy Merckx. Later heb ik op mijn fiets en voor tv gedroomd van een wielercarrière. Aan dat dromen ging zo veel tijd op dat het trainen erbij inschoot. Het absolute hoogtepunt van mijn koersloopbaan beleefde ik toen ik een jaar of acht was. Toen kreeg ik een echte wieleroutfit van de ploeg 'Flandria-De Clerck'. Een mooie rood-witte trui én een koersbroek met zeemvel!

Ik was zo blij als een kind – ik was per slot ook nog maar acht – ook al wist ik niet waarom er een zeemlap in die broek lag. Ik heb er nooit bij stilgestaan wanneer ik precies heb besloten dat ik mijn boterham wilde verdienen met humor, maar het zou me niet verwonderen dat ik een serieuze stap in die richting heb gezet toen ik hoorde dat je in je blote bips in die koersbroek moest! Zonder onderbroek???

Het bleek nog erger. Dat zeemvel was een eerste wonder van de wielertechnologie, want vroeger legden de coureurs een biefstuk in hun broek. Om beter te fietsen legden wielrenners vroeger een biefstuk in hun broek. De hele dag! Een echte Belg wordt geboren met een baksteen in de maag, een flandrien met een biefstuk in de koersbroek!

En dan werd dat nog voorgesteld als een enorme luxe. Ik begreep daar niets van. Ik vond het vreemd en onsmakelijk. Tegen het einde van zo'n wielerrit is dat stuk vlees verwerkt tot américain. Préparé!

Je moet je voorstellen dat de wielrennersvrouw dan bij de beenhouwer stond en een biefstuk bestelde. 'Doe maar een extra large want het is morgen Paris-Roubaix!' En al die kasseistroken. Het moeten voor de klassiekers serieuze côte à l'ossen geweest zijn. Je mag je niet voorstellen wat zo'n renner meemaakte als bleek dat er een spaander been aan het stukje vlees was blijven hangen.

Nu steken de renners geen vlees meer in de broek. Misschien wel omdat ze weten wat die beesten van de veearts krijgen. En je zal maar met een halve kilo 'gekkekoeienbiefstuk' in je broek zitten. Je zou op slag vegetariër worden. Ik hoor de wielrenners al tegen hun verzorgers zeggen: 'Je kan die steak steken waar da'k denk.'

Ik weet nu waarom renners vroeger zo verbaasd keken als ze op doping werden betrapt. Ze wisten niet dat ze de gehele dag op een met hormonen behandelde steak hadden gezeten. Maar niemand keek ervan op als je zei, zoals Frank Vandenbroucke, dat die steak voor de hond was.

Francorchamps en Zolder!

Doping is zo oud als de straat. Er was al doping voordat er fietsen bestonden. Hoe denk je dat Johannes de Doper aan zijn naam gekomen is? Hij zat veertig dagen in de woestijn zonder eten. Mij maak je niet wijs dat zoiets mogelijk was zonder voedingssupplementen. Je gaat ook vraagtekens plaatsen bij sommige bijbelfragmenten als je tegenwoordig de kranten leest. Zo las ik dat de Vlaamse duivenmelkers hun diertjes doping voederen. Die beestjes raken verslaafd en vliegen bij wijze van spreken zo snel mogelijk terug naar hun 'dealer'. Met een gezonde beker melk heeft die sport niets te maken.

Ik stel me vragen over wat er aan de hand was met de duif uit het Nieuwe Testament die kon spreken! Die duif was zo stoned als een papegaai! Dat 'gesneden brood' in de hemel, dat is spacecake!

Ik vind trouwens dat we maar eens een knoop moeten doorhakken in de dopingdiscussie. Walen mogen autoracen met tabaksreclame in Francorchamps. Waarom mogen de Vlaamse renners dan niet gedopeerd rondrijden op het circuit van Zolder? Na Sodom en Gomorra, Francorchamps en Zolder! Voor de werkgelegenheid in de 'farma' zou het een zegen zijn.

In heel de wereld wordt gezocht naar oplossingen voor het dopingprobleem. Niet in het minst door de voorzitter van het olympisch comité, Jacques Rogge. Wat wil je ook met zo'n volkoren naam? Ik vind eigenlijk dat Stevaert zich maar eens met die materie moet gaan bemoeien. Als je hem op zijn eigen tempo hoort spreken, dan weet je dat hij in elk geval geen doping pakt.

Stevaert heeft een totaal andere aanpak van problemen dan bijvoorbeeld Jean-Luc Dehaene. Deze laatste riep te pas en te onpas: 'Ge moet de problemen pas oplossen als ze zich voor-

doen.' Stevaert zijn tactiek is: 'Je hoeft problemen niet op te lossen, je moet ze een andere naam geven en dan doen alsof ze verdwenen zijn.'

Hoe zou Stevaert het dopingprobleem aanpakken? 'Problemen met doping? Dat komt doordat er allerlei "ongure" gasten veel geld mee verdienen. Dus moeten we doping gratis maken, dan is die handel niet lucratief meer en verdwijnt hij vanzelf...'

Of Steve zou zeggen: 'Een product wordt bestempeld als doping als het op een zwarte lijst staat. Als we die zwarte lijst nu afschaffen, is er geen doping meer!'
Dat heeft hij ook gedaan met de zwartkijkers. 'Wat zijn zwartkijkers? Dat zijn mensen die geen kijk- en luistergeld betalen. Als we het kijk- en luistergeld afschaffen, zijn we van die zwartkijkers af.' Zo simpel.
Idem met de zwartrijders. 'Wat zijn zwartrijders? Dat zijn mensen die geen busticket kopen. Als we het busvervoer gratis maken is dat probleem ook opgelost. Er is te veel zwart geld. Hoe pak je dat aan? We voeren de fiscale amnestie in en het zwart geld is in één klap afgeschaft.'

Ik wil Steve niet zwartmaken, maar je zou van de voorzitter van de socialisten verwachten dat hij iets zou doen voor de mensen die zwarte sneeuw zien. Maar die hebben geen zwart geld, die zitten op zwart zaad! Met hun moderne aanpak zeggen de socialisten zoiets als: 'Je hebt geen werk en je leeft onder de armoedegrens? Dat is niet erg, dat is sexy.'

Hoe pakken ze het probleem van de vergrijzing aan? 'We sturen de bejaarden gratis naar een popconcert als Rimpelrock, zodat ze zich weer jong voelen.' Problemen met jonge allochtonen? 'We noemen ze snotapen, dan is het probleem opgelost.' Het zou me niet verbazen als Stevaert straks zegt: 'Ik heb een middel waardoor ons land nooit meer een zwarte zondag zal beleven. We houden verkiezingen op zaterdag!'

DAAROVER 5

België eindigt vierde bij het **WK puzzelen**. Dat we niet gewonnen hebben is, mij een raadsel.

De kamerleden zijn weer aan het werk. Zouden we er iets van gaan merken?

In strikte zin zijn de mess van de VRT en de refter van de VTM ook **sterrenrestaurants**.

Eicellen en sperma zijn binnenkort verkrijgbaar **via internet**. Nu kan je van surfen ook al zwanger worden!

Omdat tachtig procent van de Vlamingen tegen is, zou het **migrantenstemrecht** niet mogen worden toegekend? Bijna honderd procent van de Vlamingen is tegen een hogere belasting. Daar houden de politici toch ook geen rekening mee?

Vinden de Europeanen **IJS OP MARS**, sturen de Amerikanen onmiddellijk een jeep om zout te strooien!

Er staan al twee **jeeps** op Mars.
Volgend jaar een autosalon?

Bachelor. Nog maar eens een nieuw datingprogramma op tv. Er worden steeds meer mensen aan elkaar gekoppeld via het tv-scherm. In zekere zin vind ik uithuwelijken door ouders toch beschaafder dan door Endemol.

De derde Plop-film gaat niet meer naar de bioscoop, maar komt **uitsluitend op dvd** uit. Als je het mij vraagt, is dat een ideetje van Kabouter Lui.

De Vlaming meent ten onrechte dat hij veilig rijdt. Dat blijkt tenminste uit een onderzoek van **TELEFACTS**. Jammer. Nu hebben we eens een soort veiligheidsgevoel en dan is het weer niet goed.

De legendarische piloot **Charles Lindbergh** blijkt drie Duitse kinderen te hebben gehad. Dat bewijst één ding: hij is zeker de oceaan overgestoken.

Volgens mij kost het meer aan autobanden en benzine om een flitspaal te vernielen dan dat je kwijt zou zijn voor een stevige snelheidsboete.

Ik heb wel genoten van **Filip en Mathilde op tv**.
Het leek een aflevering van 'Expeditie Opgrimbie'.

WITWASSEN IS HANDENARBEID

Waarschijnlijk ben ik een van de weinige Belgen die graag belastingen betaalt. Ik heb daar zo mijn redenen voor. De redenering is de volgende. Hoe meer belastingen ik betaal, hoe meer geld de overheid krijgt. Hoe meer geld de overheid heeft, hoe meer domme dingen de ministers kunnen doen. Hoe meer domme dingen de ministers doen, hoe beter voor mij!

Neemt niet weg dat ik me toch wel rijp voel voor *Afrit 9*. Samen met alle andere mensen die de voorbijgaande jaren plichtsbewust zo eerlijk mogelijk hun belastingformulier hebben ingevuld. Als je in ons land één dag rondrijdt zonder reflecterende nummerplaat, riskeer je een boete. Maar als je jaren geld voor de belastingen verstopt hield, dan krijg je nu opeens fiscale amnestie. En de eerlijke sukkelaar kan geen kant op. Want wat zeggen de paarse bedenkers van deze maatregel tegen ons: 'Als die fiscale amnestie er niet komt, halen we wat we extra nodig hebben nog eens bij jullie.' Dus het is in ons eigen belang dat de belastingontduikers op begrip en gepamper mogen rekenen! Iets in mij fluistert: 'Fiscale chantage!'

Je zou van de overheid verwachten dat ze zegt: 'We gaan de strijd tegen de fiscale fraude opvoeren.' En als mensen hun zwart geld niet aangeven, dan moeten ze worden opgespoord en een fikse boete krijgen. En vooral de belasting betalen die ze nog schuldig zijn. Maar daar heb je meer belastingambtenaren voor nodig – geen 200.000 maar toch wel een paar honderd. En de partij die met het voorstel 'Meer fiscale speurders' de verkiezingen ingaat, die haalt de kiesdrempel niet.

Dus draait paars de zaak om en opeens is zwart geld geen smet meer. Integendeel, de overheid spreekt vol ontzag over enorme bedragen die deze belastingontduikers in de Belgische economie gaan pompen. Straks krijgen ze nog een premie!

Stevaert zei: 'We zijn er niet fier op. We zijn tegen dit soort dingen, het is tegen onze principes, maar ja... er zijn wel voordelen aan verbonden...' Als we zo gaan beginnen, dan krijgen we straks nog een herinvoering van de doodstraf. 'We zijn er niet fier op, maar ja, de gevangenissen zitten overvol en...'

De overheid zegt dat het bij de fiscale amnestie niet gaat om crimineel geld, maar eerder om geld van, naar ik heb begrepen, eerlijke sjoemelaars. Zwart geld van bijvoorbeeld dokters, die het verdiend hebben met het redden van mensen. Aan dat zwart geld kleeft nog iets humaans.
Dankzij de fiscale amnestie kan je nu je zwart geld perfect investeren in de Belgische wapenhandel. Dat lucht op!

Vorig jaar heb ik me nog vrolijk gemaakt over de groenen die instemden met de wapenverkoop aan Nepal. Dit jaar zitten we met de sp.a die instemt met de fiscale amnestie. Het grote pardon! Tien jaar geleden schaamde de voorzitter zich nog zo voor de zwarte kas, dat hij die in brand wilde steken. Nu kunnen ze die centen pompen in de Belgische economie. Alles moet wijken voor de werkgelegenheid. Want de regering moet 200.000 banen creëren. Verhofstadt denkt dat witwassen handenarbeid is!

De grote goochelaar die het zwart geld in wit geld zal veranderen, Didier - Black Magic - Reynders, heeft in elk geval hoge verwachtingen. Maar ik vrees het ergste. Wat als straks blijkt dat de fiscale amnestie minder opbrengt dan verwacht? Dan zullen we nog de schuld krijgen dat we vroeger niet genoeg zwart geld hebben verstopt! En dan komt er een extra belastingheffing voor mensen zonder zwart geld in het buitenland!

Laten we elkaar niet voor de gek houden: als je geld van sjoemelaars nodig hebt om de boel overeind te houden, dan zit het fout met de modelstaat. Dit heeft niets met integer regeren te maken. Het lijkt eerder op het scenario van een traditionele maffiafilm. Het familiebedrijf moet gered worden en

de enige die geld genoeg heeft, is een halfcriminele nonkel of een criminele halfnonkel met veel geld, die plots opduikt en die dan de baas gaat spelen...

Trouwens, de bezitter van zwart geld heeft allang fiscale amnestie. Hij (of zij) betaalt nu helemaal niks! En hij maakt graag een daguitstapje naar het buitenland waar zijn geld zit, om wat couponnetjes te knippen. Zo goed als gratis met de trein en tevreden lachend met zijn - voor honderd procent terugbetaalde - nieuwe tanden.

IRAKEZEN ZIJN MASSAVERNIETIGINGSWAPENS

De Amerikaanse inlichtingendienst CIA had uitgerekend dat er in Irak wapens genoeg waren om de hele wereld te vernietigen. Kon men dat met zo'n grote zekerheid zeggen, omdat Amerika zelf die wapens aan Saddam had verkocht?

Bovendien, zo had diezelfde CIA becijferd, kon Hoessein die massavernietigingswapens inzetten binnen de 45 minuten! Dat was voor veel mensen een verschrikkelijke gedachte. Drie kwartier en BAM! Je ziet de aftrap van een voetbalmatch en nog voordat het pauze wordt, is alles opgeblazen!
Maar ik had er het volste vertrouwen in dat het zo'n vaart niet zou lopen. Ik heb namelijk heel wat films gezien over dat onderwerp. En ik geef het je op een blaadje: als de vijand binnen 45 minuten een bom kan laten ontploffen, dan is er altijd een Amerikaan of een Brit die uiterlijk 44 minuten en 55 seconden later, de verwoestende kabeltjes lostrekt. De enige klap die volgt, is die van een zoen van een ongelooflijk knappe vrouw.

Die bewuste 45 minuten sloegen vooral op het feit dat de Amerikanen niet wilden wachten op de rest van de wereld om Irak te verrassen.
'Hoogdringendheid', heet zoiets. Het moest immers snel gaan: *shock und awe!* Zoals bij Janet Jackson en Justin Timberlake tijdens de finale van de *Super Bowl.*

De CIA beweerde dat de massavernietigingswapens in Bagdad en in het noorden van Irak lagen. En dus vertrok de coalitie tergend langzaam, vanuit het zuidpuntje van Irak door een lege woestijn naar het noorden.
Een Belgische postbode met priorzegel gaat rapper dan het Amerikaanse leger!

De Amerikanen wilden misschien zo lang over hun opmars doen om Saddam de tijd te geven zijn wapens te gebruiken. Maar niet alleen voor de VN-inspecteurs waren de wapens onvindbaar. Saddam had zijn chemische wapens zo goed verstopt, dat zelfs zijn eigen soldaten ze niet konden vinden!

In de praktijk bleken vooral de Irakezen zélf massavernietigingswapens te zijn. Zoals die tekeergingen in de straten van Irak na de 'bevrijding'! Alles werd geplunderd. Saddam was nog niet helemaal van zijn sokkel getrokken of hordes Irakezen bestormden de musea. Ze hebben niet gewacht op 'de nacht van de musea'. Volgens de statistieken van het museumbezoek in Bagdad moet 2003 een topjaar geweest zijn!

Een opmerkelijke reactie. Na jarenlange onderdrukking zou ik eens flink vieren. Maar Irakezen houden blijkbaar zo van hun verleden en hun kunstschatten, dat ze direct naar het museum lopen! Toch is een museumbezoek in Irak iets totaal anders dan bij ons. Je mag er blijkbaar van alles meenemen! *Amusée-vous bien!* Dat is nog eens openbaar kunstbezit!

De Irakezen plunderden overigens niet alleen de musea, ook de ziekenhuizen moesten eraan geloven. Een beetje vreemd was dat wel. De voorbije tien jaar moesten we in elke kwaliteitsreportage over Irak horen en zien dat er niets meer te vinden was in de plaatselijke ziekenhuizen. Dat er moest geopereerd worden met een roestig kromzwaard bij het licht van een olielampje. De enige verdoving waren verhalen uit *1001 Nacht*! En dan kreeg je een bed zonder matras te zien.

Dan vraag ik me af: wat hebben die plunderaars daar eigenlijk weggehaald? 'Ha! Hier ligt er nog een afgezet been! Dat kan nog wel eens van pas komen om mee op een mijn te trappen. Dan gebruik ik dit been om dat te doen! En hou ik mijn eigen been! Handig!'

Blow Job!

Bijna elke dag krijgen we uit het Midden-Oosten berichten van bomaanslagen en vooral zelfmoordaanslagen. Rare jongens en meisjes, die zelfmoordaanslagen plegen. 'Ik ben zo boos op jullie, ik ben om te ontploffen...' Je ziet wat er gebeurt als je dingen letterlijk neemt!

Is dat woord 'zelfmoordaanslag' eigenlijk wel goed gekozen? De bedoeling is niet die zelfmoord, maar de moord. Iemand die een zelfmoordaanslag pleegt, is tenslotte een moordenaar. Als hij daarbij zelf omkomt, kan dat ook een beetje als teken van eigen domheid worden gezien. Nu ja, wie in een land als Israël nog de bus neemt, heeft ze ook niet op een rijtje. Maar je laat toch de indruk na dat je niet slim genoeg was om een ander moordplan te bedenken en te laf om een veroordeling op te lopen.

Als je een groep mensen wilt vermoorden en met een auto vol dynamiet op die groep inrijdt, dan heb je je plan volbracht. Wanneer je daarbij zelf om het leven komt, is dat dom. Of niet?
Als er bij ons een trucker op de staart van een file vlamt zonder te remmen, dan zegt de politie: 'Hij was in slaap gevallen achter het stuur.' Of: 'Hij had de signalisatie niet gezien.' Of: 'De zon stond laag.'
Maar niemand zal durven schrijven dat het een zelfmoordaanslag was van een trucker die wilde protesteren tegen het verkeersbeleid van minister Anciaux. Men zegt meteen dat het een ongeluk was. Maar het is toch niet meer dan logisch dat wie de gehele dag verplicht met een 'dodehoekspiegel' rondrijdt wel eens op sombere gedachten komt?

Het hangt een beetje af van waar op aarde een dergelijk ongeval zich voordoet. Als er op de ring rond Brussel een vrachtwagen met spek kantelt en iedereen staat een dag in de file, dan spreekt

Dany Verstraeten 's avonds in *Het Nieuws* over 'een tragisch ongeval' op de ring. Als exact hetzelfde gebeurt in Irak, zou het al snel gaan over een 'terroristische aanslag met biologische wapens met het doel de economie te ontwrichten'.

Veel zelfmoordaanslagen lukken niet eens, zo lees ik. Je kunt er natuurlijk ook moeilijk voor oefenen. In Karachi zijn er drie kerels veroordeeld die een mislukte zelfmoordaanslag hadden gepleegd. Ze kregen de doodstraf! Omdat ze gefaald hadden?

Er zijn ook steeds meer vrouwen die zich mengen in het debat en zelfmoordaanslagen plegen. Hoe noem je zo iemand? Een moordgriet? Het woord seksbom uit de jaren zestig heeft meteen een nieuwe betekenis gekregen! Met een beetje goeie wil zie je er een emancipatie in... Maar eerlijk gezegd ben ik toch wel blij dat de jonge vrouwen die bij ons de wereld willen verbeteren, gewoon meedoen aan een missverkiezing.

Nog macaberder werd het, toen bleek dat ook een zwangere vrouw een zelfmoordaanslag pleegde. Dat moet nogal een klap hebben gegeven. Zou je het verschil horen? Extra echo? Het woord babyboom krijgt opeens een andere klank! Net als bommoeder.

Een vreemd gebruik van de mensen die zelfmoordaanslagen plegen is dat zij zich eerst uitgebreid laten fotograferen. Zich laten 'vereeuwigen'... Stel je voor: je werkt in een fotolabo en als je 's avonds op de bus naar huis zit, zie je dat er zo'n gast opstapt, van wie je net de laatste foto hebt ontwikkeld.

'Tiens, is dat niet die kerel van daarnet, die zijn filmpje per se in één uur ontwikkeld wilde hebben? Hij zag er toen precies veel magerder uit. Hij ziet er, ik weet niet, een beetje opgeblazen uit...' En dan BAM! 'Net als iedereen hier...'

LOUIS MICHEL GOES TO WAR

Als minister Michel in het Midden-Oosten al respect afdwingt, dan is het omdat ze denken dat hij ieder ogenblik kan ontploffen...

Toch is hij op een jaar tijd nogal vermagerd. Sommige mensen laten hun maag dichtnaaien of steken hier of daar een ring voor of achter. Of in?
Louis Michel heeft een heupoperatie ondergaan. Was hij ook op zijn eigen heupen beginnen te werken?

Louis Michel bemoeit zich werkelijk overal mee. Ik hoor af en toe opmerken dat Michel in zijn eentje de rol van betweter heeft overgenomen die Nederland vroeger speelde op internationaal vlak. Louis Michel een Hollander? Maar nee, daar is zijn Frans te goed voor. En ook zijn Nederlands!

Onze minister van Buitenlandse Zaken liet niet na om voortdurend prikjes uit te delen aan de Amerikanen. Zo kreeg Bush van Michel te horen dat het Amerikaanse leger er niet aan moest denken om over ons land te vliegen als het naar Irak wilde!

Officieel klonk het dat België de coalitie verbood om 'ONS LUCHTRUIM' te gebruiken. Dat er ondertussen een half leger verscheept werd via de haven van Antwerpen was dan weer niet tegen de principes van Michel. Zolang die treinen maar niet vlogen!

Het gedreig van Zot Lowieke werd in de vaderlandse pers uitgelegd als heldhaftig gedrag. Maar bij zijn bezoek aan zijn collega Colin Powell in Washington zei Michel stilletjes dat de Amerikanen er zich niets van moesten aantrekken. En dat een 'overvliegverbod' niets te maken had met de oorlog, maar dat de Belgische regering het nachtlawaai boven Brussel wilde beperken.

COMMANDER WILL OCKX VS ANTWERPSE COP

Toch heeft het Amerikaanse opperbevel ons Belgische leger zwaar beledigd. Toen de yankees namelijk via de Antwerpse haven hun eigen massavernietigingswapens verscheepten, vroegen ze niet ons leger om bescherming. Ze riepen de hulp in van de politie van Sint-Niklaas!

Geen kwaad woord over de bende van burgemeester Willockx, maar deze zomer kwamen die agenten vooral in het nieuws omdat ze niet konden voorkomen dat een groepje puber-jongens rond de lokale zwemvijver meisjes in hun billen kne-pen. Het korps van Sint-Niklaas – onbewust moet ik daarbij denken aan Zwarte Pieten – stond hier machteloos tegenover.

Maar het was hoe dan ook vreemd dat de Amerikaanse mili-tairen om hun spullen in de haven van Antwerpen te bescher-men een beroep deden op de politie van Sint-Niklaas. In plaats van op ons leger! Dat ze de Antwerpse politie passeerden, lijkt mij logisch. Na een jaar vol ontslagen, verdachtmakingen, in-terne arrestaties en stemmingmakerij zullen ze in Amerika gedacht hebben dat de Antwerpse politie (the 'Antwerpse kop') wel wat anders te doen had. Het was niet het moment om die jongens in de buurt van zware wapens te laten komen.

Maar niemand die mij kan uitleggen waarom je dwars door Sint-Niklaas moet trekken wanneer je vanuit Duitsland naar de haven van Antwerpen gaat. Wat zou de reden zijn? 'We moeten wel via het Waasland, want de Antwerpse Leien lig-gen open?'

Nu is voor een Amerikaan een route die langs de versleten Kennedytunnel loopt, misschien niet direct een lokkertje. Daartegenover stond wel, de voor deze gelegenheid zeer mediagenieke naam, van de 'Bevrijdingstunnel'.

Of zouden ze misschien gedacht hebben dat ze in Antwerpen niet welkom waren met hun American Express? Omdat ze wisten dat in de Scheldestad alles om Visa draait?

Vreemd genoeg waren er geen massale protestacties tegen die legertransporten. Een paar groene betogers, die wel natuur-lijk. Maar dat is normaal. De groenen zijn altijd tegen de Ame-rikanen, daarom eten ze ook geen américain! Maar veel wa-ren het er niet. Misschien heb ik ze niet gezien. Nu ja, je valt ook niet meteen op als groene, tussen soldaten in gevechts-kleding...

LEGER TOP-100

De oorlog in Irak is me een beetje tegengevallen. Als historisch evenement, maar ook als tv-spektakel had het gewoon niet genoeg amusementswaarde. Geen veldslagen, geen massa vluchtelingen, geen intelligente wapens. En geen goeie muziek, zoals in Vietnam indertijd! Met LSD in je lijf en The Doors op de radio kon je nog 'lekker' vechten. Maar niet met designerdrugs en slome R&B-deuntjes als soundtrack. Hollywood zal een heel goeie scenarist nodig hebben om er nog iets van te maken.

Wat kregen we nu voor beelden? Zandstormen en een gek geworden minister van Informatie die tegen beter weten in riep dat alles naar Iraakse wens verliep. En hier en daar een uitgebrande camion. Maar daarvoor hoef je geen oorlog te voeren, dat zien we hier in België elke dag 'live'.

Er leek even een goeie wending te komen toen Schwarzenegger in beeld verscheen. Want normaal gesproken gaat Arnold tegen het einde van een bijna verloren oorlog op pad met een groot machinegeweer om de klus zelf te klaren. Mijn hoop veerde op. Zou het toch nog wat worden in Irak? Maar nee, je zag hem bejaarden zoenen en kinderen optillen.

Het was strikt genomen ook helemaal geen oorlog, daar in Irak. Om te vechten moet je om te beginnen een tegenstander hebben, anders is het niet meer dan pesten... Het leger van Saddam was al haast net zo onvindbaar als zijn massavernietigingswapens. Die Irakezen hadden er bovendien helemaal geen zin in. Die houden niet van geweld, dat was duidelijk. Anders hadden ze Saddam allang zelf hun land uit geknikkerd. Of ergens in een vergeetput gekieperd.

Volgens de Amerikaanse inlichtingendienst CIA was het Iraakse leger het vierde grootste leger ter wereld. Dat iemand de CIA nog serieus neemt, is mij al een raadsel. Ze zitten er

nog vaker naast, dan het gemiddelde weerbericht. Maar laten we eens aannemen dat ze hierin gelijk hadden: dan gaapt er wel een gi-gan-tisch gat tussen de nummers één en vier! Afgaande op de beelden van het Iraakse leger op tv waren ze bepaald niet best voorbereid op 'gevechtshandelingen'. Het vierde grootste leger van de wereld bestond uit mannen in kleren van de kringloopwinkel, die bij het kijken naar oude oorlogsfilms geleerd hadden hoe je je lachend overgeeft aan Amerikanen. In ruil voor sigaretten en chocolade? Of zouden de Amerikaanse militairen dat niet meer mogen uitdelen met het oog op de kwalijke gevolgen voor de gezondheid van de overwonnen soldaten?

Het is overigens een boeiende gedachte dat er een ranglijst bestaat van de legers in de wereld. Een soort 'foute top-100'! Je vraagt je meteen af op welke plaats het Belgische leger komt. Ik hoop wel dat we, ondanks de reputatie van onze militairen, niet op de laatste plaats staan. De voorbije eeuw hebben we toch niet voor niets tot tweemaal toe het Duitse leger verslagen? Nu ja, we speelden bij de winnende ploeg.

Je kunt van het Duitse leger veel lelijks zeggen, maar ze zijn niet onsportief. Duitsland hangt, als het om oorlogsvoering gaat, de olympische gedachte aan. Deelnemen is belangrijker dan winnen.
Helemaal anders dan met voetbal. Met voetbal gaat het zo: een wedstrijd duurt twee keer 45 minuten en aan het eind winnen de Duitsers.

Onze militaire overwinningen vieren we nooit. We 'herdenken' de oorlog op 11 november telkens weer met het ingetogen blazen van de Last Post. Veel tranen en verdriet, terwijl we 'herdenken' dat de gevechten gedaan zijn én dat we gewonnen hebben. Beetje vreemd wel. De Duitsers hebben twee keer verloren, maar op diezelfde 11 november beginnen ze hun jaarlijkse carnaval!

FRIENDLY FIRE

Het Belgische leger ging niet mee naar Irak. Het had zich niet kunnen plaatsen. Het was, net als de Rode Duivels, niet door de voorrondes gekomen. Hun laatste gevechtshandeling was het plaatsen van tenten in de buurt van ex-Joegoslavië, ruim tien jaar geleden. 'Onze militairen waren gewoon niet te motiveren om de woestijn in te trekken', gaf minister van Defensie Flahaut toe. Een paar jaar geleden in Ethiopië nog wel, maar toen mochten onze jongens nog kleine kinderen boven het vuur houden. Daar moet je niet meteen kwaad over spreken. Misschien was het wel een poging om die kindjes warm te houden. Zeker als het daar 's nachts koud werd. Eigenlijk zijn de Belgen daarmee de uitvinders van het *friendly fire*. Of waren ze – toen al – aan het trainen voor het wereldkampioenschap barbecue?

Ik denk soms als ik het Belgische leger bezig zie: zou het in staat zijn tot *friendly fire*? Tot het schieten op de eigen troepen? Het valt te hopen van niet, want als je de verhalen hoort over de talloze onderlinge plagerijen in het Belgische leger, slaat de schrik je om het hart bij de term *friendly fire*. Mocht ons leger meegedaan hebben in Irak, dan was de schade in eigen rangen niet te overzien geweest!

Want het was een ware plaag geworden, die pesterijen in de Belgische krijgsmacht.
Daarom lanceerde de legertop een informatiecampagne om iets te doen aan de plagerijen in het leger; het was zelfs de belangrijkste actie van ons leger in het voorbije jaar! De naam van de campagne was 'plagerijen in het leger'. De krijgsmacht wilde en kon niet echt spreken van 'pesten op het werk'. Nee, natuurlijk niet. Er wordt in ons leger namelijk niet gewerkt.

Nu er geen miliciens meer zijn, pesten de beroepsmilitairen elkaar. Wie gaat onze jongens eens uitleggen dat soldaten el-

kaar niet moeten pesten, maar bevechten! Als ze toch willen pesten op het werk én een uniform dragen, dan moeten ze maar bij de Post solliciteren.

Al die nare verhalen weerhielden onze minister van Defensie er niet van om met nieuwe plannen voor de krijgsmacht uit te pakken. Volgens Flahaut is het Belgische leger voortaan een humaan leger. Inzetbaar bij natuurrampen zoals overstromingen. Hij kwam daarmee aan op een nogal ongelukkig moment. Want hoe humaan ben je als je, zoals para Pirson, wegzwemt terwijl je eigen kinderen verdrinken? De militaire rechter zag er geen kwaad opzet in. Hoogstens was dat verdrinken *collateral damage*...

Ons leger is nog lang niet humaan, het is eerder onnozel. Vorig jaar marcheerden onze militairen nog tijdens het defilé met namaakwapens, dit jaar lieten ze de tanks thuis, uit angst dat ze in Brussel door het wegdek zouden zakken. Het jaar daarvoor liepen ze met namaakpistolen. Over een paar jaar kan ons leger meedoen aan een *Love Parade*! Ze parodiëren zichzelf vandaag meer dan anderen ooit gedaan hebben. Wat als we de volgende parade nu eens laten plaatsvinden tijdens het Carnaval van Aalst?

Wat zou een humaan leger gebruiken als strijdkreet: 'Nooit Meer Oorlog'? 'Hebt elkander lief'? Steken ze een bloem in de loop van hun FN? Of schaadt dat de werkgelegenheid in de wapenindustrie?

Zouden onze militairen weten hoe je dit land moet verdedigen? Wordt daar ergens een plan voor bijgehouden? Als we ooit overvallen worden door andere landen, is het te hopen dat iemand nog weet hoe je collaboreert.

Best dat Flahaut de vliegtuigen af en toe inzet om Henin een pleziervluchtje te geven, anders hadden de militaire piloten nooit genoeg vlieguren gemaakt om hun brevet te behouden...

Toen ik hoorde dat het leger een heleboel mensen ging afdanken dacht ik spontaan: *friendly fired*. Maar ik kreeg de rillingen over mijn rug, toen de minister aankondigde dat dit langs 'natuurlijke weg' ging gebeuren. Een leger dat op natuurlijke wijze van zijn manschappen af wil... Hoe doen ze dat? ... Juist!

De promotie van Belgische bieren!

Toen Flahaut meedeelde dat ons leger niet naar Irak zou gaan, vroeg ik mij af of Saddam Hoessein daar blij mee zou zijn. Was hij bang voor het Belgische leger, of waren wij zijn enige hoop op een klein militair succesje? De oorlog had er misschien totaal anders uitgezien als we wel mee hadden gedaan. Met minder slachtoffers, want met onze houten geweren kun je geen kogel afvuren. En als ik mij de staat van de Iraakse wegen voor de geest haal, waren onze tanks na honderd meter hopeloos weggezonken. Bovendien was Saddam door de reputatie van ons leger niet gevlucht maar had hij gevochten. Waardoor het Amerikaanse leger hem misschien onmiddellijk had kunnen oppakken. Of toch tenminste een van zijn dubbelgangers. Hoewel, als er iemand zo'n mysterieuze dubbelganger van Saddam had kunnen klissen, was het wel een Belgische militair geweest. Onze militairen zien uitsluitend dubbelgangers, als je leest wat ze allemaal drinken. Misschien dat we ons leger beter zouden gebruiken voor de promotie van Belgische bieren...

Niet alleen werden er geen chemische wapens gevonden in Irak, ook die zogenaamde dubbelgangers van 'De Leeuw van Bagdad' werden niet gevonden. Dat er werkelijk niet één van gevonden werd, is wel vreemd. Hopelijk voor hen weten ze dat de echte Saddam gepakt is, anders zitten ze nu in de put. Terwijl ze anders in elk geval een gratis medische check-up en een bezoekje aan de tandarts hadden kunnen meepikken, als dank voor bewezen diensten.

Het duurde wel ontzettend lang eer men Hoessein kon pakken. Onbegrijpelijk. En dan had hij zich bovendien nog vermomd als Fidel Castro. Dat is toch de kat op het spek binden? Acht maanden duurde de zoektocht naar Saddam Hoessein. Dat valt nog mee, als je beseft dat ze al een paar jaar tevergeefs naar Osama Bin Laden zoeken. Bekende Vlamingen kla-

gen altijd dat ze nergens gewoon op een terras kunnen zitten zonder herkend te worden... Ik vraag me af hoe Hoessein en Bin Laden dat doen; die zien er herkenbaarder uit dan sinterklaas en de kerstman! Of dan Michael Jackson. Ook al zou Michael Jackson zijn hele gezicht laten herwerken tot dat van een blonde Chinees, dan nog wordt hij bij de uitgang van de kliniek om een handtekening gevraagd.

Om Saddam te pakken hadden de Amerikanen speelkaarten uitgedeeld met de foto van de meest gezochte Irakezen. De enige die er een beetje op leek, was die joker van Informatie.

In de eerste golfoorlog was er nog sprake van intelligente wapens die met chirurgische precisie op doelwitten inbeukten. Nu was het beeld van de oorlog dus teruggebracht tot een stapel speelkaarten. Als Flahaut op voorhand geweten had dat je de oorlog kon winnen aan de kaarttafel, dan had ons leger misschien toch nog iets kunnen doen in Irak...

Het was deze keer snel gedaan met het geloof in intelligente wapens. Als je al die militaire missers zag, snapte je ook waarom. Je kon niet van George Bush verwachten dat hij intelligente wapens zou gebruiken. 'Intelligente wapens? Nee, daar ben ik bang voor. Die keren zich tegen mij!'

Je kreeg de indruk dat die operatie niet veel meer was dan een spelletje kaart, een gok. We zien wel waar we uitkomen. Tijdens het pokeren in *The Oval Office* legt een officier 'een grote straat' op tafel! Bush: 'Nu kan ik alleen nog winnen door die hele straat van tafel te vegen...'

KUT IS KOET

Wat ik vooral van de oorlog in Irak heb onthouden, is dat de meeste deskundigen er weinig vat op hadden. De Lottocijfers zijn makkelijker te voorspellen. Op tv wisten ze ook niet goed wat ze met die oorlog aan moesten. En daarom kwamen steeds meer burgerdeskundigen hun uitleg doen.

Burgerdeskundigen! Zijn die in tijden van vrede relatie-bemiddelaars? Wat doen die deskundigen als er geen oorlog is? Hoe houden ze hun kennis dan actueel? Thuis of op het werk wat mensen opstoken om te zien wat er gaat gebeuren?

Dat er bij een leger oorlogsdeskundigen zitten, lijkt me logisch, zelfs bij het Belgische leger. Maar hoe word je als burger in Vlaanderen of Nederland deskundige op het vlak van ruzie in Irak? En waarom? Kun je daar je brood mee verdienen? Naar wie stuur je de factuur voor je expertise? Wie doet er een beroep op je, behalve de VRT en VTM?
De rode draad was dat ze het ook niet wisten. Misschien zouden de omroepen in dat geval beter een beroep doen op onwetende leken dan op deskundigen. Je gaat toch ongerust slapen als zelfs de kenners hun greep kwijt zijn.

Op tv zag ik een heel deskundige man die les gaf of geeft aan onze militaire school. Achter hem hing een kaart van Irak. Midden in Irak lag er een stad met de naam Kut. In koeien van letters stond het op die kaart: Kut. En die man maar spreken over de stad Koet! De hele avond gedacht: 'wat krijgen we noe?'

Osama Spiessens

In de dagen voor de oorlog werd er ook het vreemde bericht verspreid dat de zonen van Saddam 1 miljard dollar van de bank hadden gehaald! Hadden zij van minister Michel iets gehoord over een fiscale amnestie die op handen was in België en wilden die kwajongens van de gelegenheid gebruik maken?

Echt veel plezier hebben ze niet gehad van dat geld. Ze werden doodgeschoten. In een rijwoning, verscholen achter een stapel kartonnen dozen. Uiteindelijk zaten ze dus comfortabeler dan hun vader. Maar in tegenstelling tot hun papa wilden zij zich niet overgeven. Nee, uit eigen ervaring wisten ze maar al te goed wat je allemaal met gevangenen kunt doen.

Zouden die jongens niet geweten hebben dat een beetje mensensmokkelaar ze voor nog geen vijftienduizend dollar in een camion naar Zeebrugge zou hebben gebracht? De kans dat je die tocht overleeft en elders een nieuw leven kunt beginnen, is niet groot, maar in Irak blijven was ook geen optie.

Ik weet niet wat ze met al dat geld gedaan hebben. Toch niet verbrand? Omdat het zwart was en afkomstig uit de wapenhandel?

Er werd gezegd dat die jongens heel veel in nachtclubs en chique bordelen te vinden waren. Maar een miljard dollar in een paar weken tijd aan liefde en drank uitgeven? Daarvoor moet je in topvorm zijn en zo jong waren ze nu ook weer niet. Bovendien verbleven de zoons van Saddam blijkbaar ook nog dikwijls thuis, want daar werden stapels pornovideo's gevonden. Niet verwonderlijk; hun vader heeft het altijd veel te druk gehad om ze voor te lichten.

Het is wel te hopen voor die jongens dat de pornovideo's van betere kwaliteit waren dan de cassettes van hun vader en Osama Bin Laden. Wat een ellende in dit digitale tijdperk! De Amerikaanse inlichtingendiensten beweren dat er geen verband bestaat tussen Hoessein en Bin Laden. Daarmee ga ik niet zomaar akkoord! Ze hadden in elk geval dezelfde slechte geluidstechnicus!

Osama Bin Laden laat met de regelmaat van een klok zo'n cassettebandje overhandigen aan Al Jazeera. Experts moeten dan proberen uit te vissen of het wel Bin Laden zelf is en niet de Afghaanse Chris Van den Durpel.

Osama Bin Laden. Hij zou zich verstoppen in onherbergzame gebieden en zich uitsluitend te voet of per muilezel verplaatsen. Het zou me niet verbazen als hij niet meer in een vliegtuig of een trein durft te stappen, met al die terroristen...

Daarover 6

Kim Clijsters gaat niet naar de Olympische Spelen in Athene. Heeft iets te maken met de **KLEDINGSPONSOR**. Misschien liepen de sporters bij de Spelen in het oude Griekenland naakt om problemen met hun kledingsponsors te vermijden.

Voorlichtingsdagen van de **banken** over fiscale amnestie zijn een succes. Het is toch even wennen: banken die hun klanten uitleggen hoe ze zich aan de wet moeten houden.

Als je de resultaten ziet van het **'Groot Dictee der Nederlandse Taal'** - gemiddeld negenendertig fouten - dan denk ik dat we eerst eens de Vlamingen en Nederlanders een verplichte taal-cursus moeten geven voordat we aan de allochtonen beginnen.

Je moet vooral goed in rekenen zijn om die **enorme aantallen** fouten in dat Groot Dictee bij te houden...

Ik lees dat die Duitse **kannibaal** onderhandelt over de filmrechten op zijn verhaal.
Nu ja, liever een film dan dat hij een kookboek gaat schrijven.

Pesten op school blijkt een plaag. Mijn oplossing? De pestkoppen stimuleren om te spijbelen.

Als men je op tv zegt dat je **EEN STAP OPZIJ** gaat zetten,
eindig je meestal buiten beeld.

Op de lijst van jaren met de meeste **jaaroverzichten** staat
2003 bovenaan.

Bij het schoonmaken van de riolen heeft men in Antwerpen
een granaat gevonden uit **DE OORLOG**! Dan werd het wel eens
tijd dat die riolen werden schoongemaakt...

Bij **biologische** oorlogsvoering roepen de militairen:
halt of ik **SLA**!

Vlooien op het werk. Valt dat onder **ONGEWENSTE INTIMITEITEN?**

Er is bloed in poedervorm ontwikkeld. Kunnen **de vampieren**
eindelijk ook eens Nescafé maken!

Waarom spreekt men van lichten **doven** en niet van
lawaai blinden?

De paus wil geen sport op zondag. En dat voor iemand die
zelf niet stil kan zitten!

RAMPKLEDIJ

Weet je waaraan ik merk dat het misgaat met de wereld? Als de politici niet met jas en das op televisie verschijnen.

Je moet er ook eens op letten: geen jas of das, dat betekent meestal dat er een ramp is gebeurd! Als de koning een kersttoespraak houdt, zit hij daar in zijn beste kostuum. Als het land overstroomt, verschijnt hij in de sportzaal waar de slachtoffers opdrogen, met een regenmantel én laarzen. Als de president van Amerika zijn plannen aan het volk voorlegt om Irak te bombarderen, zit hij keurig in het pak. Als de eerste slachtoffers gevallen zijn, draagt hij een jeanshemd en zit hij op zijn ranch. Als prins Filip thuis voor de foto moet poseren, is hij keurig gekleed als een communicant uit de jaren vijftig. Als hij naar de plaats van een treinramp gaat, heeft hij een rolkraag en een loden aan.

De filosofie daarachter is dat deze heren de schijn willen wekken, zo druk bezig te zijn met de ernst van de situatie dat ze snel het huis of het kantoor zijn uit gerend om het volk, de natie te redden. Ze hadden geen tijd meer om zich snel fatsoenlijk te kleden of om het jasje van hun kostuum van de stoel mee te plukken. Als republikein Van Quickenborne voor de koning moet komen om de eed af te leggen, draagt hij een das. Als hij gewoon naar zijn werk gaat – met andere woorden: de plaats des onheils – is het alsof hij net van zijn bed is gelicht. Mijn stelregel is: hoe groter de ramp, hoe gekker de kleren. En omgekeerd. Ooit iemand van Agalev goed gekleed op televisie gezien?

Die manier van kleden is mij voor het eerst opgevallen bij koningin Beatrix. Bij een ramp draagt ze nooit een hoedje. Geen tijd gehad om dat van de kapstok te grissen. Ook bij de grote elektriciteitspanne van veertien augustus in de Verenigde Staten zag ik op CNN de burgemeester van New York na een

halfuur verschijnen, samen met een handvol bestuursleden. Ze verschenen allen zonder jasje in beeld. Ze droegen wel nog een das. Ik dacht eerst nog: dat stel zat te vergaderen en is dan snel voor de camera geroepen. Maar dat is wel heel naïef. Politici weten nog beter dan de meisjes van K3 wat ze moeten doen als de lichten aanflitsen.

Na een paar uur was niet alleen de das verdwenen, de burgemeester verscheen in poloshirt! Ook George Bush die rond dat tijdstip in California eerst nog in kostuum reageerde, droeg een uur later opeens een geruit hemd. Net zoals hij, als de wereld in brand staat, met een bomberjack aan, doet alsof hij alles onder controle heeft.

Ik geef het je op een briefje: als er ergens een ramp is, verschijnen de mensen die over ons waken heel casual gekleed. Als Colin Powell België een veeg uit de pan geeft omwille van de genocidewet is dat in kostuum, want dat is geen ramp. Als minister Michel reageert en verklaart dat België niet bang is voor de 'dreigementen van Amerika' heeft hij zijn das afgedaan en zit hij peentjes te zweten.

Hoe slechter gekleed, hoe groter de catastrofe! In die zin moet je ook de vestimentaire keuzes van de voorbije jaren van Leona Detiège zien. Telkens als ze in beeld verscheen, was er slecht nieuws in Antwerpen. Het feit dat de nieuwe burgemeester van Antwerpen, Patrick Janssens, nooit een das draagt, doet het ergste vermoeden. Hij verwacht duidelijk dat de drama's in 't stad nog een hele tijd blijven duren.

'Wilt gij Filip op den troon?'

Bij de geboorte van prins Gabriël, moest Filip grimlachen toen een journalist hem vroeg of dit nu een koningswens was die in vervulling ging: een meisje en een jongen. Filip schamperde: 'Ze zeggen dat, ja.' Nog nooit zag ik hem zo gekwetst. Terecht, want voor een kroonprins is een koningswens iets totaal anders.

Ondertussen hoor je hier en daar weer de vraag: 'Is Filip wel klaar voor het koningschap?' Natuurlijk wel. Zeker nu hij de hindernissen van huwelijk en vaderschap, ietwat schuchter, genomen heeft. Trouwens, als hij vandaag nog niet klaar is om koning te spelen, dan lukt het nooit meer. Er wordt al ruim veertig jaar aan die jongen gesleuteld opdat hij straks probleemloos een lint kan doorknippen (zelfs zijn dochter kan het al), een onfrisse dictator op Zaventem kan ontvangen of twee dagen op staatsbezoek mag gaan bij Beatrix van Oranje. De politieke leiders ontvangen na een verkiezing? Als hij die ochtend de krant leest, weet hij wel wat ze verwachten dat hij zal doen, dus daar hoeft hij echt zelf niet over na te denken.

Ik ken geen enkele acteur die zo lang doet over het instuderen van een rol. Zelfs Ludo Busschots niet. En ook Verhofstadt heeft maar vijftien jaar roepen nodig gehad om 'er' klaar voor te zijn. De enige aan wie 'ze' ook zo'n veertig jaar werk gehad hebben, was George W. Bush en je kunt je afvragen of dat veel geholpen heeft. Stop dus met dat gezever dat Filip er nog niet klaar voor is. Onze kroonprins is bijna vijftig. Straks komt zijn dotatie regelrecht uit het Zilverfonds!

Overigens was Boudewijn er ook niet klaar voor en dat hebben we geweten. Hij was zelfs als koning één dag in de onmogelijkheid om te regeren en wordt er tot op de dag van vandaag nog altijd voor geprezen. Bwana Kitoko werd wel mooi al op zijn twintigste voor de Belgische leeuwen geworpen. Hij keek dan ook zijn hele leven met een blik van 'dit doe je je

kinderen niet aan'. Boudewijn werd koning op zijn twintigste. Filip is inmiddels meer dan dubbel zo oud. Leeftijd kan
dus het probleem niet zijn. Freya Van den Bossche werd zelfs
minister op haar achttiende!

Waarom wordt ons altijd een waas van geheimzinnigheid rond
die jongen opgedrongen? Is-ie homo? Is-ie dom? Er wordt ge-
meesmuild dat Filip een conservatieve katholiek is. Godzij-
dank, denk ik dan! Een moderne koning is een aanfluiting,
net als een moderne paus. Onlangs vertelde een partijvoorzitter
me nog dat er geen land te bezeilen valt met die jongen. Filip
zou net als Boudewijn tegen euthanasie en abortus zijn. Nou
en? Albert is dat ook. Het bestaan van Delphine is daarvan het
bewijs. Dat zijn geen redenen om hem van de troon weg te
houden.

Dat Filip nog niet klaar is voor het grote werk, geloof ik dom-
weg niet. Kom nou. Albert heeft zich gewoon vijftig jaar niet
voorbereid op het koningschap en hij kan het toch ook? Ster-
ker nog, hij heeft de voorbije tien jaar niet alleen bewezen dat
hij het kan, hij vindt het nog plezierig ook. Dus laat hij zich
niet van de troon jagen en zeker niet door Filip! En daar knelt
het schoentje. Albert wil de job die eigenlijk aan Filip beloofd
was zelf houden, tot de dood erop volgt!

Maar ik wil Filip op de troon. Ook uit eigenbelang, ik geef dat
toe. Vandaar dat ik hier recht uit mijn hart oproep tot een
nieuwe koningskwestie. Zoals in 1950. Ik stel voor dat iedereen die Filip in zijn hart draagt een volksraadpleging eist! De
vraag luidt: 'Wilt gij Filip op den troon?' Moeilijk is het niet.
We hebben toch ervaring met zo'n vraag?

DE MUIL VAN VTM EN DE KLOTEN VAN RADIO 2!

'Ik herken u, u heeft de muil van VTM.' Dat zijn de woorden van prins Laurent. Net nadat hij Batibouw had verlaten. Hij bedoelde het niet letterlijk. Maar het kwam wel hard aan, vond ik. Dat er zo'n woord uit de welopgevoede mond van de prins kwam. Ik schrijf mond, maar denk muil. Een muiltje van een prinses is iets anders dan een muil van een prins.

Op televisie zie ik een jongedame haar muiltje recht in het kruis van een man mikken. Het is reclame voor Shoediscount, en bedoeld om te lachen. Een meisje dat een man keihard in zijn kloten trapt: ik vraag me af of er meer schoenen door verkocht zullen worden. Waar is de tijd dat je eerst een paar meter op een stukje tapijt mocht stappen om te zien of de schoenen wel lekker zaten. Ik zou niet graag mannelijke verkoper zijn bij Shoediscount, of aan de kassa zitten als er iemand schoenen komt passen. 'Zijn dat die schoenen van in de reclame op tv?' en vlam! Een shot in zijn Brantano's!

Ook een of andere brilketen meent dezer dagen zijn omzet te kunnen verhogen met een andere klotenreclame. Ik herinner mij nog een grap van een verre oom die beweerde dat je ogen en je ballen met elkaar in verbinding stonden, want als je een trap in je ballen kreeg, sprongen de tranen in je ogen. Het gaat hier echter niet om zakdoeken, maar over brillen: de brillenwinkel wil klanten lokken met een slechtziende man, een ijshockeyscheidsrechter, die een puck in zijn kruis krijgt. Een brillenfabrikant die lacht met mensen die slecht zien, dat schept vertrouwen. Wat denken ze daar: we hebben ze bij hun ballen? Of bij hun pietje?

En nu ik het daar toch over heb. Wat was er mis met de vrolijke kanariepietjes van Radio 2? Want ook Radio 2 maakt nu reclame met een dochter die een voetbal in de onderbuik van haar vader mikt. Waarvoor maakt men dan reclame? Voor het

regionale nieuws? Het plaatselijk weerbericht? Of moet je als man denken: als ik een bal in mijn twee kloten krijg moet ik naar Radio 2 luisteren? Arme man die dan Radio 1 op zet...

Wat is er opeens gebeurd dat reclamemakers het op de ballen van blanke mannen van mijn leeftijd hebben gemunt? Wat zou er gebeuren mocht er een jongen van achttien in een commercial met zijn nieuwe schoenen in het kruis stampen van een vrouw? Wat zou er gebeuren mochten er, in een reclame, een handvol Blokstemmers met een hockeystick een gastarbeider te lijf gaan en zijn brilleke breken? Hoe zou men in deze turbulente Dutrouxtijden reageren mocht er opeens een man van in de veertig tegen een meisje zeggen: 'Kom eens lekker naast mij op de bank naar Radio 2 luisteren?'

Toen prins Laurent bij Batibouw arriveerde, pakte hij Freya Van den Bossche bij de blote schouders en zoende hij haar rijkelijk. Hij zette zijn bril recht en keek naar haar met in zijn ogen: 'Ik herken u, u heeft de muil van...' Wat zou er gebeurd zijn mocht Freya, net die morgen, nieuwe schoenen gekocht hebben bij Shoediscount?

DAAROVER 7

Juweliers overvallen in ons land: is dat niet de **Belgische variant** van de zelfmoordaanslag?

Phaedra Hoste geflitst in Bredene. Voor **fotomodellen** is het een beroep om geflitst te worden.

Antwerpse politieagenten krijgen les in agressieve gevechts-technieken. Bestaat er ook zoiets als niet-agressieve gevechtstechnieken?
'Sta of ik knuffel!'

Antwerpse **politieagenten** krijgen les in agressieve gevechts-technieken. Oei. Straks kerven ze met een mes de parkeer-boete in de deur van je auto.

Zware overtredingen zijn voorlopig alleen met boetezegels te betalen. Vandaar ook de naam zware overtreding: er hangt voor **een kilo zegels** op de boete!

De wolprijzen dalen scherp. Het is dus zinloos om verder te gaan met schapen **KLONEN**.

Dehaene terug op het podium, evenals Willy De Clercq. En ook oude Louis Tobback blijkt nog te leven. Het wachten is op de comeback van Willy Claes. Zo oud kan die generatie toch niet zijn? De kinderen van Wilfried Martens zijn nog geen tien...

Schouderophalende immigrant: '**Gemeentelijk stemrecht** hadden we in ons thuisland toch ook al niet...'

Prins Laurent sukkelt met zijn gehoor. Vooral **NEDERLANDSE** woorden kan hij slecht verstaan.

Vals gebit bijna gratis voor vijftig plussers. Kun je met je nieuwe tanden iedereen die zelf voor facelifts, **borsten en billen** heeft moeten betalen, stralend uitlachen.

Al jaren doet *P-Magazine* moeite om met **badpakkenspecials** de aandacht te trekken en dan publiceert het blad één keer een interview met een oude pastoor en meteen halen ze de wereldpers. Ik hoop alleen maar dat er deze zomer geen bikinispecial komt van kardinaal Joos.

Uit het verhaal van kardinaal Joos onthoud ik vooral dat het opvallend is hoeveel intellectuelen *P-Magazine* kopen voor de interviews!

Als die speurders op zoek naar **DOPING** nu eens zelf een paar pillen zouden pakken, zou het onderzoek dan sneller gaan?

En wat zei de uitvinder van de genetisch gemanipuleerde maïs? 'Eindelijk een kolfje naar mijn hand.'

200.000 BANEN

Tijdens het schrijven van mijn eindejaarsconference *Geert Hoste Hard* speelde ik met de gedachte om het nummer *24 rozen* van Toon Hermans in een actueel en Belgisch kleedje te steken. Omdat ik de muziek voor mijn draaiorgeltje niet tijdig op de kop kon tikken, heb ik het nummer niet op scène gebracht. Desondanks hieronder de tekst.

200.000 banen   (vrij naar Toon Hermans 24 rozen)

12 maanden van een zeer bewogen jaar
1 Visa-kaart per Antwerpenaar
7 stukken Tricolor van een gezonken boot
3 kevers, 2 wespen en een gesneden brood
9 procent voor fiscale amnestie
En 200.000 banen, 200.000 banen, 200.000 banen van Guy

15 schone vrouwen in het parlementair halfrond
100 kilometer file in de ochtendstond
Tweede plaats op het songfestival
4 geboortes in het Palais Royal
1 operatie bij Eddy Wally
En 200.000 banen, 200.000 banen, 200.000 banen van Guy

30 per uur wordt de topsnelheid
3000 Limburgers hun baantje kwijt
1 zielig zitje voor de N-VA
2 lesbiennes zeggen luidop 'ja'
74 dagen voor Anissa Temsamani
En 200.000 banen, 200.000 banen, 200.000 banen van Guy

1 boze tuinder in een groentestruik
3 gram marihuana voor privé-gebruik
1400 machinegeweren geleverd in Nepal
2 meisjes vechten in een tennishal
3 rokende schoorstenen van Marly
En 200.000 banen, 200.000 banen, 200.000 banen van Guy

15 miljoen vlooien op een kabinet
2 pedo-priesters uit de kerk gezet
2 uur 5 minuten voor een marathon
13 blote homo's in de zomerzon
1 jaar voorbij: 2003
En 200.000 banen, 200.000 banen, 200.000 banen van Guy

En 200.000 banen, 200.000 banen, 200.000 banen van Guy

DAGBOEKEN

1 april 2003
Mijn agenda voor het komende jaar eens bekeken. November en oktober beloven zeer druk te worden. Het zou het beste zijn als ik ervoor zorg dat mijn dagboek van 2003 voor het begin van de herfst af is.

8 april 2003
De Belgen lezen weinig boeken. Met een gevoel van zinloosheid leg ik mijn pen neer.

11 april 2003
Met père Gilbert nog even zijn optreden voor morgen (huwelijk Claire en Laurent) doorgenomen. Hij heeft er zin in. Op het laatst toch maar gekozen voor de pruik met lange grijze haren zonder mijter en baard.

12 april 2003
Huwelijksfeest van Claire en Laurent was een voltreffer. Toch was het even zweten toen de camera inzoomde op de volgeschreven handpalm van Guy Gilbert. Niemand heeft mijn handschrift herkend...

20 april 2003
Een sombere Leona Detiège aan de lijn over haar nakende afscheid als burgemeester van Antwerpen. 'Wat vind jij nu Geert, van de manier waarop het gegaan is?' Ik bleef even stil, maar zei naar waarheid: 'Die manier zorgt wel voor brood op mijn plank Leona...'

28 april 2003
Isabelle Durant tegengekomen op Zaventem. Ze leek mij behoorlijk in de war. 'Zelfs overdag is binnen in de vertrekhal vrijwel geen nachtlawaai. Misschien moeten de mensen die echt niet tegen nachtlawaai kunnen hier dan maar gratis komen slapen.'

Ze hoopte dat Agalev en Ecolo stevig zouden verliezen bij de verkiezingen twee weken later. 'Zodat ik nooit meer hoef te regeren. Als ik voor die tijd al niet boos ben opgestapt...'

1 mei 2003
Nergens een stoet met politieke slogans gezien. Me toch een beetje sullig gevoeld, want toen ik vroeg wanneer de Internationale zou worden gezongen, bleek dat niemand ooit van dat lied had gehoord.

9 mei 2003
Peter Evrard wint *Idool 2003*. Popprijzen, *Eurosong, Koningin Elisabethwedstrijden, Rock Rally*... Overal maken ze een concours van. Mij voor het slapen afgevraagd of zo'n wedstrijd voor blues mogelijk zou zijn.

10 mei 2003
In de VS is een wet gestemd die de Amerikanen toestaat desnoods met geweld gevangen landgenoten in België te bevrijden. Bevrijden! Zo staat het in dat voorstel. Het zou mij niet verbazen als we morgen lezen dat Dutroux de Amerikaanse nationaliteit aanvraagt.

18 mei 2003
Verkiezingsuitslag. Dialoogje tussen Vera Dua en Magda Aelvoet opgevangen. Dua: 'Wat hebben we fout gedaan?' Magda: 'Wij? Niets. De kiezers hebben verkeerd gestemd.'

20 mei 2003
In Café Zürich hoorde ik Jo De Poorter en Martine Prenen aan het tafeltje naast me kletsen over het *Eurosongfestival*. De belangrijkste vraag was of de Russische meisjes van t.A.T.u. elkaar op het podium een tongzoen zouden geven. Interessante kwestie: hoe kun je nu zingen met de tong van een ander in je mond? Dan klink je toch net zo onverstaanbaar als Urban Trad? Daarom de meisjes zelf even gebeld. Ze zien af van hun plannetje. 'Trouwens, we mogen het niet meer doen.

We hebben de "rechten op tongen" verkocht aan Madonna en Britney Spears...'

21 mei 2003
Tijdens het zingen onder de douche mijzelf afgevraagd of dat taaltje van Urban Trad hun eigen creatie is. Of zou het uit de eerste les Nederlands in het taalbad van Spa komen? Om wél verstaanbaar te klinken, had Sergio vorig jaar één week (zeven volle dagen) voor het songfestival geen alcohol gedronken. Zo klonk Urban Trad zeker niet. Wat moeten ze in het buitenland van ons denken? Die Belgen hebben al drie landstalen en dan vinden ze nog eens een vierde uit! Waarmee we wel knap tweede werden. Doedelzak, accordeon, raar taaltje en vooral geen blote navels, dat was het recept voor het Belgische succes anno 2003. Dat weten Wannes Van de Velde, Walter De Buck en Willem Vermandere al jaren.

28 mei 2003
Heerlijk weer. Twee ijsventers zijn elkaar met een bijl te lijf gegaan! Een bericht om rillingen van te krijgen. Uitgerekend in Vorst hakken ijsventers op elkaar in met een bijl. Wie neemt er nu een bijl mee als hij ijs gaat verkopen? Als er één beroepsgroep bij hoge temperaturen het hoofd koel moet houden, zijn het ijscomannen. IJsventers die elkaar te lijf gaan met een bijl; het geeft zelfs het woord 'slagroom' iets gewelddadigs. Straks nemen ze het letterlijk als je een coupe vraagt!

29 mei 2003
In een uitgaansbuurt in Luik heeft een man met een kalasjnikov geschoten. Hij heeft één dode en vijf gewonden op zijn geweten. De mensen in de omgeving reageerden geschokt. Als je in Luik met een machinegeweer schiet, neem je een FN. Eigen geweer eerst!

30 mei 2003
Berichtje op de voicemail van Guy Verhofstadt ingesproken. Of hij na de verkiezingen geen stunt moet uithalen en troe-

pen op een humanitaire missie naar Afrika sturen. Per slot moet hij toch iets doen om Louis Michel te snel af te zijn, want die is intensief op zoek naar een prille democratie in Centraal-Afrika om wapens aan te verkopen. In slaap gevallen met de gedachte dat we vroeger nog gewoon zilverpapier konden sturen naar Afrika om ons geweten te sussen.

31 mei 2003
Laatste vlucht New York – Parijs aan boord van de Concorde. Omdat we sneller dan het geluid vlogen, hoorde ik de afscheidsspeech van de captain pas toen ik al weer op de trein naar Brussel zat.

1 juni 2003
Guy Verhofstadt aan de lijn. Wat ik ervan vind als hij 'een paar oude knarren buiten gooit'. 'Die Vanhengel en Jaak Gabriëls hangen er toch maar bij of ze al op prepensioen zijn.' Om te doen alsof het mij interesseert, zeg ik dat hij dan Dewael naar de federale regering moet halen en Bart Somers Vlaams premier maken. 'Blijf even aan de lijn, ik schrijf het op. Heb je nog suggesties voor andere Vlaamse ministers?' Ik zeg dat ik die bende zou aanvullen met Patricia Ceysens en Marino Keulen. 'Wie zeg je? Zijn dat VLD-leden?' was de reactie van de premier.

6 juni 2003
Paola tegen het lijf gelopen bij Hermès aan de Faubourg 24 in Parijs. Ze waren in de stad voor de finale van Roland Garros 2003 en Paola zocht een leuke pet voor Albert. Een beetje venijnig zei ze: 'Hoe kan uitgerekend Justine Henin nu bewijzen dat wij géén petits Belges zijn? We zijn geen petits Belges, maar zij heeft wel deux petites Belges.'
Binnen de koninklijke familie hebben ze een boontje voor Justine. Een veel te jong overleden moeder en een lastige vader zijn de drijfveren van Justine Henin-Hardenne. Ik snap wel dat koning Albert daar om persoonlijke redenen sympathie voor heeft.

7 juni 2003

Justine Henin wint Roland Garros. Na afloop met Verhofstadt en Albert een pintje gepakt. Verhofstadt: 'Ik denk dat er nu tienduizenden Belgen zullen beginnen met tennissen.' Albert: 'Als Hugo Claus toch de Nobelprijs zou winnen, zouden dan ook tienduizenden Belgen beginnen schrijven?'

13 juni 2003

Een boze Dehaene tegen het lijf gelopen. 'Hoe kan Giscard nu uitgerekend vandaag – vrijdag de dertiende! – die plannen voor een Europese Grondwet voorstellen?' Ik vroeg of hij in die dingen geloofde. 'Ik niet, maar het publiek wel. Het publiek is bijgelovig.'

Omdat het een thema is waar ik niks mee heb, bracht ik het gesprek op Club Brugge. Jean-Luc: 'Weet je waarom Club geen kampioen is geworden? Omdat Celie mijn gelukssjerp is kwijtgespeeld in de droogkuis. Daarom!'

20 juni 2003

Op het paleis in Laken een afscheidsfeestje bijgewoond van kamerleden, ministers en partijvoorzitters die er niet meer bij zullen zijn de komende jaren. Albert tegen de ministers: 'Nu zijn jullie eindelijk niet meer verantwoordelijk voor wat ik zeg.' Rik Daems tegen Olivier Deleuze: 'Voor jou verandert er niet veel. Jij blijft gewoon niets doen. Net als toen je minister was.' Deleuze een beetje sip: 'Maar wel voor een ander salaris.' Isabelle Durant nam me even apart: 'Verhofstadt en Stevaert willen gewoon jonge vrouwen om zich heen. Wacht maar tot je de nieuwe ministerploeg straks ziet. Gaan we een keer samen eten?'

22 juni 2003

Weer een nieuw sjoemelgeval bij de Antwerpse politie. Dit keer wordt de directeur van de Antwerpse politieschool verdacht van geknoei. Toch een stap vooruit. Nu weten we tenminste waar en van wie de Antwerpse agenten het allemaal geleerd hebben.

24 juni 2003
Fabiola nog eens in opperbeste stemming aan de lijn. Ze had vernomen dat de Amerikaanse minister van defensie Rumsfeld ermee gedreigd heeft de NAVO weg te halen uit Brussel. 'Zou het geen goed idee zijn om de gebouwen van de NAVO dan te schenken aan een kloosterorde?'

28 juni 2003
'Cannabisexperimenten bij jongeren verdubbeld', lees ik in de krant. Waarom daarover somber gedaan? Het getuigt gewoon van een toegenomen wetenschappelijke belangstelling bij de jeugd. Een pluim op de hoed van *Jongens en Wetenschap*!

29 juni 2003
Karel Vinck rekent op een mirakel voor de NMBS en even later schaft hij de trein naar Lourdes af... Zo gebeurt dat wonder nooit, natuurlijk.

30 juni 2003
Vanaf vandaag hebben kunstenaars een sociaal statuut. Om dat te vieren, stop ik om 16.45 uur.

1 juli 2003
Verjaardag gevierd in de serres van Laken. Ontspannen sfeer. Delphine: 'Papa maakt zich zorgen dat ik nog niet gehuwd ben.' Paola, lachend met een martini in de hand: 'Lieve schat, ik begon me juist pas zorgen te maken toen jouw papa met mij trouwde...'
Albert bracht me later met de moto naar huis. 'Heb jij het nummer van Willy Sommers? Ik zou eens met hem willen praten. Zo'n dochter die je niet zelf hebt opgevoed, dat is toch niet gemakkelijk.'

2 juli 2003
Met een bevriende vrouwelijke psychiater een paar whisky's gedronken. Zij vroeg zich af of er een verband bestond tussen het 'dwangmatige optimisme' van Verhofstadt c.s. en het al-

maar stijgend gebruik van Prozac. 'Veel mensen denken dat ze gek zijn omdat ze niet de hele dag, zoals Guy, euforisch zijn over hun eigen prestaties. Ze verwarren gezonde zelfkritiek met een zware depressie.'

5 juli 2003
In alle vroegte een belletje van Paola. 'Gerard, waar kan ik naartoe als subiet Kim en Justine de finale in Wimbledon spelen?' Ik weet niet meteen wat ze bedoelt, maar suggereer om eens met Delphine te bellen als het voor logies is. 'Mais non,' zegt Paola, 'vestimentair! Na het petje dat Albert droeg op Roland Garros, kan ik hem nu toch niet met een bolhoed op pad sturen?' Ik vertel haar voorzichtig dat niet Kim in de finale staat tegen Justine, maar Serena. Het bleef even stil, maar dan: 'Oh, maar dat zullen ze, nu wij hier zijn, voor ons toch wel veranderen?'

6 juli 2003
Met Ivan De Vadder doorgezakt. 'Journalisten weten natuurlijk sneller dan anderen of er een politieke vacature vrijkomt. En er komen wat plaatsen vrij! Zeker volgend jaar. Verhofstadt wil naar Europa. De Gucht wil naar Europa. Michel wil naar Europa.' De ober die onze glazen bijvult, onderbreekt: 'Zouden ze niet beter meedoen met het *Eurovisiesongfestival* volgend jaar? Ik heb al een geschikte naam: De Eurostars!'
Op weg naar huis denk ik nog eens na over die Europese aspiraties van onze 'blauwen'. Elk zijn ambities natuurlijk, maar de vorige Belgische toppoliticus die naar Europa wilde, is uiteindelijk burgemeester van Vilvoorde geworden.

8 juli 2003
Moe van het luisteren naar alle grootse plannen van Verhofstadt. Het wachten is nu nog op een wet die ons verplicht gelukkig en tevreden te zijn. Uitgeput naar de tv zitten kijken. Gelukkig is er nog de Tour. Aan de valpartijen in de Ronde van Frankrijk te zien, hebben de renners dopinggebruik ingeruild voor het drinken van alcohol.

10 juli 2003

Tijdens de opnames van *Geert Hoste en de Modelstaat* luister ik onder het schminken naar de uitgebreide roddels over Cupido die zijn pijlen op Studio 100 heeft gericht. Nadat Danny Verbiest getrouwd is met een veel jongere vrouw, heeft ook Gert Verhulst de smaak te pakken. Zou hij eindelijk begrepen hebben dat het niets wordt met dat Marlèneke? Ik heb de nodige fantasie, maar toch had ik me nooit kunnen inbeelden dat die 'Tele-Romeo' waarover Karen van K3 indertijd zong, Gert Verhulst was. Toch klinkt het allemaal sprookjesachtig. Ik zie het scenario van alweer een Vlaamse musical voor me. Waarin Samson verliefd wordt op de Big van Betsy. En hoe die twee na allerlei spannende avonturen nog lang en gelukkig leefden en drie Biggetjes kregen...

11 juli 2003

De traditionele 11 juli-drink op het koninklijk paleis. De zoon van de laatste sjah van Perzië was ook aanwezig. Hij blijkt een goede vriend van Laurent. 'Toen wij jong waren speelden we de Guldensporenslag heel precies na met z'n tweeën', vertelde Laurent toen hij ons aan elkaar voorstelde. Reza Pahlawi glimlachte en zei: 'Maar jij liet de Fransen altijd winnen...' Laurent haalde zijn schouders op: 'Net of jij niet hoopt ooit nog op die pauwentroon van je vader te kunnen zitten.' Op weg naar huis kostte het enige inspanning om mij te realiseren dat deze jongens 'historische figuren' zijn.

15 juli 2003

De Kamer schenkt het vertrouwen aan de tweede regering-Verhofstadt. De Kamer wel, maar zijn eigen partij? Ik heb zo mijn twijfels. Na afloop van de zitting was er een glaasje champagne. Ik ving een gesprek op tussen Freya Van den Bossche en Eric Van Rompuy over de onlangs aan hartklachten overleden Barry White. Eric heel ernstig: 'Heel zijn repertoire ging over hartklachten!'

21 juli 2003

Met Albert in de vroege uurtjes een proefritje gemaakt in de nieuwe Opel Signum. 'Ter gelegenheid van 21 juli', zeg ik. Onze vorst heeft een koe cadeau gekregen van de regering voor zijn jubileum als Koning der Belgen. 'Een koe, mijnheer Geert. Wat heb ik aan een koe? Het klinkt als een krantenkop uit een Sahelland.'
Terwijl de koning, met de handrem dicht, de auto om zijn as laat draaien, denk ik: 'als ze een koe geven aan Albert, welk beest moeten ze dan geven aan Filip wanneer die ooit zijn tien jaar koningschap viert?' Als de koning na de proefrit ook even op de achterbank plaatsneemt om de vering te testen, zegt hij ineens met een dikke knipoog: 'Met een koe kan ik nog leven. Een stier ware nogal smakeloos geweest.'

22 juli 2003

George Bush grijpt niet in in Liberia. Critici zeggen: 'Omdat daar niets in de grond zit zoals in Irak.' Niets in de grond in Liberia? Er zitten minstens 300.000 lijken in de grond...

24 juli 2003

De regionalisering van de wapenuitvoer komt er binnenkort aan. En Vlaanderen neemt ondertussen een steeds belangrijker deel van de nationale wapenexport voor zijn rekening. Een reëel toekomstbeeld schiet mij te binnen: een derdewereldconflict dat wordt uitgevochten met Vlaamse wapens aan de ene kant en Waalse wapens aan de andere en waar het Belgische leger humanitair wordt ingezet om tentjes op te zetten.

5 augustus 2003

Met Bert Anciaux gaan luisteren naar het nachtlawaai in Zaventem. Hij wil iets ludieks doen tegen het nachtlawaai: 'Een fluistercampagne of zo...' Over het gedonder van DHL heen hoorde ik hem schreeuwen: 'Die nieuwe film van Arnold Schwarzenegger, *Terminator 3*, gaat die over het einde van de romance tussen Gert Verhulst en Karen van K3?'

7 augustus 2003

Een somber postkaartje van Marco Pantani. Ik maak mij zorgen om die jongen. 'Als ze het hoofddoekje echt gaan verbieden in Frankrijk, is alles voorbij. Dan is een comeback in de Tour voor mij zeker uitgesloten...'

10 augustus 2003

Professor Vermeersch stuurde een e-mail, waarin hij het 'een teken van verval' noemt, dat Arnold Schwarzenegger kandidaat is voor het gouverneurschap van Californië. Ik vind het ergens wel vooruitstrevend. Schwarzenegger moet het in de verkiezingen opnemen tegen pornokoning Larry Flynt. Het duurt nog wel even voor de democratie in België zo ver is, dat een buitenlander en een seksbaas met elkaar om de macht strijden. Voor wie zouden wij hier stemmen als we de keuze hadden tussen Abou Jah Jah of Dennis Black Magic als minister-president?

14 augustus 2003

De hongerstakende Afghaanse vluchtelingen verlaten de Heilige Kruiskerk in Elsene. Ik hoor een toekijkende oude hippie mompelen: 'Waar is de tijd dat wij nog die kant optrokken op zoek naar een betere wereld?' En na een kleine pauze, wijzend op de groep uitgehongerde asielzoekers: 'En pas op, hè, wij hadden nog minder spullen bij, dan die gasten daar...'

16 augustus 2003

Ongelukken bij de scouts, de chiro, de KSA... Het lidmaatschap van een jeugdbeweging lijkt voor jongeren gevaarlijker dan drugs!

21 augustus 2003

Op kraamvisite bij Mathilde, Filip en Gabriël. Alle drie zijn ze in topvorm. Astrid en Laurent zijn er ook. 'Jullie worden zo langzamerhand een enorme familie', mompelde ik glimlachend. Filip boog zich een beetje voorover en zei vanachter zijn hand: 'Papa heeft een geweldige bonus beloofd aan wie

voor zijn tiende kleinkind zorgt...' Hij keek wat schichtig om zich heen en vervolgde zachtjes lachend: 'Maar mijn zus, broer en ik hebben afgesproken samen te werken en daarna die prijs te verdelen...' Mathilde, die met Gabriël in haar armen niet leek te luisteren, zei daarop: 'Vergeet niet Delphine erover aan te spreken...'

25 augustus 2003
Belgacom-inlichtingen belt mij (!) op voor een inlichting. Er moet een handvol managers van Belgacom worden ontslagen. Hoe ze dat 'een beetje modern kunnen aanpakken...' Ik suggereer hen om die managers te laten bellen naar een betaalnummer waar ze een menu met slechts één keuzemogelijkheid te horen krijgen: 'Om uw loopbaan te beëindigen, druk op hekje.'

26 augustus 2003
Aan het loket in het station van Berchem Karel Vinck tegengekomen. Hij reist deze zomer per spoor incognito, met korte broek, hawaïhemd, zonnebril en strooien hoed het hele land door. Als ik vraag waarom, antwoordt hij: 'Om zelf uit te rekenen hoeveel mensen bij de NMBS buiten moeten om de zaak weer financieel op de rails te krijgen.' Ik vroeg om hoeveel arbeidsplaatsen het zou gaan. Hij keek naar het bord met vertrektijden en siste: 'Ik bedoel geen personeel, Geert! Ik bedoel al die niet of nauwelijks betalende passagiers die gratis reizen.' Ik probeerde begrijpend te knikken (wat kan je anders?) toen ik hem hoorde vragen: 'Eén retour De Panne, tweede klas. Met personeelskorting!'

27 augustus 2003
Johan Leman gesproken over zijn ontslag bij het Centrum voor Gelijkheid van Kansen en Racismebestrijding. 'Weet je waar ik bang voor ben, Geert? Dat ze hier op mijn plaats een Iraniër, Somaliër of Marokkaan zetten!' Ik keek hem vragend aan. 'Dan is bewezen dat ze wèl gelijke kansen hebben!'

4 september 2003

Chirac heeft in Parijs de begrafenis bijgewoond van zevenenvijftig mensen die tijdens de hittegolf in Frankrijk in alle eenzaamheid zijn gestorven. De eenzamen in een massagraf. Dan zijn ze tenminste niet meer alleen. In totaal zouden bijna vijftienduizend oude Fransen zijn bezweken door de extreem hoge temperaturen. Dat belooft voor als de aarde straks echt opwarmt. Of zit er meer achter? Diep in mijn hart hoop ik dat die berichten slechts propagandatrucs van de Franse overheid zijn om al die bejaarden uit de rest van Europa af te schrikken, die hun oude dag fijn in Frankrijk willen doorbrengen.

7 september 2003

Rolling Stones in Werchter. Als ik die mannen zo bezig zie denk ik dat ze vandaag eerder aan de epo zijn, dan aan de cocaïne. Die gedachte werd nog versterkt toen ik backstage dierenarts José L. uit Oostrozebeke zag rondlopen.

9 september 2003

Lei Clijsters en Filip Dewulf opperen dat de fysiek enorm gegroeide Justine Henin aan de doping zit. Meteen opgebeld om Justine te kalmeren. Ze zit er duidelijk niet mee in: 'Ik heb ze mijn spierballen getoond. En ze zijn zwijgend afgedropen.' Het bleef even stil, maar toen: 'Heb jij dat hondje al eens goed bekeken, dat Kim in Bree heeft gekregen....' Dat heeft meer spieren dan de beestjes van Frank VDB...'

12 september 2003

Met Noël Slangen een paar pinten gepakt. 'Volgend jaar stop ik ermee', zei hij opeens. 'Met wat?' wilde ik weten, want het leek mij al een hele tijd erg stil rond zijn persoon. 'Met mij afvragen wat ik eigenlijk doe... ' zei hij een beetje mistroostig. Ik vroeg hem wat hij dacht van die eindeloze herschikkingen binnen de regeringen en al die ministers die aftreden en plaats moeten maken voor anderen. 'Och, jong, dat houdt voorlopig niet op. Als je eens wist aan wie allemaal een paar maanden

ministerschap is beloofd! We gaan naar een systeem waar ieder partijlid een kwartaal lang minister mag spelen.'

15 september 2003
Met Marcel Vanthilt en zijn hond een evaluatie gemaakt van *Eurosong for Kids*. Wat mij vooral opviel is dat de meeste deelnemertjes realistischer toekomstplannen hebben dan Verhofstadt. En ze worden flink gesteund door hun ouders: 'Laat dat wiskundehuiswerk voor wat het is en ga een popsong instuderen!'

18 spmeebetr 2003
'Vglenos een odzeonrek aan de uienervstiit van cmabridge, makat het neit uit in wkele vdgoorle de letters zcih in een worod bnedvien, het egine brelkganije is dat de eetrse en de latsate lteetr op de jutise piotsie satan. Zfles al is de rset een talote wbaerol, dan kan je de tkest nog zoednr plrombeen lzeen. Dit odmat de mlenskeije heserenn neit ekle lteter op zcih leezn maar eeknl de woreodn in hun geeehl. Zlfes een aaargnm?'
Zou deze ontdekking invloed hebben op de uitslag van het Groot Dictee?

19 september 2003
Een vrolijke Bart Somers in alle vroegte op *Voor de Dag*. De Olympische Spelen 2016 zouden naar Vlaanderen moeten komen. In 2016? Oké, dan heb ik nog wel even tijd om te trainen. Ik draai me nog eens om.

28 september 2003
Met Freya en de nieuwe staatssecretaris Kathleen Van Brempt een glaasje gedronken op hun succes. Freya: 'En dan te bedenken dan we het allemaal aan Phaedra te danken hebben.' Kathleen: 'Inderdaad. Zij liet zien dat je mooi kan zijn en toch in de politiek zitten. Maar CD&V was niet snel genoeg voor haar. Wat doet ze nu eigenlijk?' Freya: 'Snelheidsovertredingen maken.' Kathleen: 'Oh, ze probeert dus de aandacht van Dedecker te trekken?'

30 september 2003
Een verwarde Bert Anciaux mailt iedereen op zijn adreslijst:
'Nu lig zelfs IK wakker van dat nachtlawaai bij Zaventem. Niet
van de vliegtuigen, maar van de onoplosbaarheid van het probleem. Maar stel dat ik een oplossing vind. Wat gaan dan al
die nachtlawaaicomités doen? Nu komen de mensen weke-
lijks bij elkaar, zijn het hechte gemeenschappen die samen
ergens voor vechten. Wat gebeurt er als straks alleen nog maar
stilte heerst 's nachts? Het hele sociale weefsel valt uit elkaar!
En dan nog: wat kun je doen met leegstaande gebouwen van
DI IL? Technofuiven geven?'

1 oktober 2003
Met Jan Decleir en Mel Gibson zitten praten. Jan tobt over de
vraag wie hem moet spelen in een film over zijn leven. Gibson
vond het jammer dat hij niet zelf Jezus kon spelen in de film
The Passion. Jan: 'Waarom niet?' Mel: 'Omdat ik dan op het
allerlaatst op een spectaculaire wijze aan dat kruis had moeten ontsnappen... en dan zou het verhaal niet kloppen.'

6 oktober 2003
Afscheidsfeestje voor Agalev. Vrolijke sfeer. De agenda's werden er, op mijn aanraden, bij gehaald om te kijken wie wanneer naar sp.a-Spirit zou overstappen. Kwestie van iedereen
zijn moment in de zon van de media-aandacht te gunnen...

10 oktober 2003
De vrouw van een minister belt nogal ongerust op. Haar man
is weer niet thuisgekomen. Ze vertrouwt het niet helemaal en
vraagt of ik meer weet: 'Eerst wordt er een regering gevormd
met jonge knappe vrouwen. Vervolgens nemen de politici drie
maanden verlof. Daarna worden er veel nachtelijke vergade-
ringen belegd. En het resultaat is dat ze snel anticonceptie-
cheques voorschrijven. Enfin, nu moet ik inhaken, want ik ga
naar het koor.'

11 oktober 2003
Midden in de nacht stond aan het tankstation van Lochristi een bende motorrijders. Ik meende Karel De Gucht te herkennen. Hij was behoorlijk in de wind en stond in het gras te wateren terwijl hij naar de man naast hem brulde: 'Schwarzenegger verkozen tot gouverneur. Zie je nu wel dat het stemrecht voor migranten rare dingen oplevert?'

12 oktober 2003
Steve Stevaert als partijleider van sp.a herkozen met 95,5 procent van de stemmen. Hij was de enige kandidaat. 'Die ontbrekende 4,5 procent zijn dan ook geen tegenstemmen maar ongeldige stemmen', zei Bert Anciaux. 'We zouden ervoor moeten zorgen dat ook bij de verkiezingen alle stemmen die niet op Steve worden uitgebracht, ongeldig verklaard worden.'

14 oktober 2003
De staatsveiligheid geeft toe dat ze fout was in de zaak van Soetkin Collier. Toch zou het me niet verbazen dat ze maanden hebben zitten puzzelen om te kijken of er in dat onverstaanbare songfestivalliedje van Urban Trad geen geheime boodschap verborgen zat.

18 oktober 2003
Koen Wauters en Valérie ontmoet en aan de praat geraakt. Hij heeft, zei hij stralend, 'géén behoefte meer aan andere vrouwen'. Voor ik er erg in had antwoordde ik: 'Het zou nogal straf zijn, Koen, als je met net een nieuw lief aan je arm iets anders beweerde...' Valérie zag er geen been in: 'Dat hoeft ook niet. Want ik bén de "andere vrouw".'

19 oktober 2003
Met het enthousiasme van de ware stofzuigerverkoper stond Jo Lernout vanmorgen vroeg voor de deur. Hij maakt tegenwoordig speelgoedcavia's met een computerchip. En of hij even een demonstratie mocht geven? Het diertje kan veel, maar spreekt niet. Daar had Jo zijn buik van vol. 'Even geen spraak-

makende dingen meer', zei hij mistroostig. Hij wil de wereld
veroveren met deze computergestuurde cavia. Dat wordt deze
keer dus geen faillissement, maar een plaag.

21 okober 2003
Voor een televisieprogramma opnames gemaakt in de turn-
zaal van het parlement. Minister Frank Vandenbroucke was
er druk in de weer met de halters. 'Daar kijk je van op hé,
Hoste? Een gezond mens in een gezond lichaam.' Als ik zijn
enkels vasthoud tijdens zijn buikspieroefeningen puft hij: 'Als
ik het er met mijn collega's over heb dat we geen langetermijn-
visie hebben, zeggen ze allemaal: "Dat is iets voor later..."'

22 oktober 2003
Een postkaartje gekregen vanuit Antwerpen, van een optimis-
tische Verhofstadt. Hij was naar de Zoo geweest met de kinderen. Ze hadden de auto achter het station moeten parkeren.
Een sombere buurt. Maar, zo schrijft Guy: 'De enorme hoe-
veelheden zwerfafval in ons land, ook in de zogenaamd ar-
mere buurten, bewijzen vooral de enorme koopkracht van de
Vlaming.'

26 oktober 2003
'Anderhalf miljoen pillen namaak-Viagra onderschept op
Zaventem', aldus Martine Tanghe in het *TV1-journaal*. En je
zag haar denken: 'is dat nu goed of slecht nieuws in de strijd
tegen het nachtlawaai?' Als je jaren ongemerkt nep-Viagra hebt
genomen, voel je je dan nu bedrogen of niet?

27 oktober 2003
De immer innemende Kathy Pauwels stond op de markt
chrysanten uit te zoeken. Ze had een reportage gemaakt over
de doop van prins Gabriël. Ze was een beetje ontgoocheld
omdat het jongste prinsje gezwegen had tijdens zijn eigen
doop. Wat had ze dan verwacht? Dat de kleine prins een kersttoespraak in het Nederlands zou geven? Ik vertelde haar dat
Laurent zijn kleine de eerste Russische woordjes al aan het

leren was: 'Dada.' Kathy nogal bitsig: 'Om dan naar buiten te komen en ons wijs te maken, dat ze samen over kunst spreken...'

30 oktober 2003
Vast op de ring rond Brussel. Een lachende trucker vanuit de camion naast mij: 'Met al die dagelijkse files waarin je eindeloos lang stilstaat, kom je als chauffeur makkelijk aan je verplichte aantal rusturen!'

1 november 2003
Een vertwijfelde George Bush belt op. 'Ik vind niet alleen geen massavernietigingswapens in Irak, ik vind voor geen enkel probleem een oplossing.' Snikkend vervolgt hij: 'Volgend jaar zijn er verkiezingen. Hoe krijg ik de moslims in mijn land aan mijn kant?' Om hem op te beuren, suggereer ik spontaan: 'Verbied het homohuwelijk, George!'

11 november 2003
Met Bettina Geysen naar de blijde intrede van sinterklaas in Oostende. Aan zijn vrolijke conditie, zijn vitaliteit en vooral zijn populariteit te zien, is sinterklaas de ideale opvolger van de paus! Alleen het beeld van de priester-kindervriend ligt wat gevoelig. Bettina, met een knipoog naar de talloze Ketnet-fans: 'Maar mocht hij het niet worden, dan zou deze sint dolgraag de paus spelen in een film.'

15 november 2003
Dutroux en Martin zijn bijna gescheiden. Zou die scheiding zo lang aanslepen, omdat ze het niet eens werden over wie straks de kelders krijgt?

26 november 2003
Michael Jackson is opgepakt. De tv-beelden waren duidelijk. Je zag hem weggeleid worden, stevig geboeid tussen grote volwassen mannen. Daar konden ze zijn handen nu net zo goed loslaten, vond ik.

27 november 2003

De politie van Santa Barbara in Californië heeft het paspoort van Michael Jackson afgenomen, 'zodat hij niet ongemerkt naar het buitenland zou kunnen vluchten'. Zou er één plaats in het universum zijn waar Michael niet zou opvallen? En onopgemerkt zou passeren? Hoe vaak heeft hij zijn pasfoto moeten laten veranderen? De beschuldigingen tegen hem klinken nog niet erg overtuigend: Michael Jackson zou met een ander jongetje over seks hebben gesproken. Ik weet niet beter dan dat overal waar twee jongens samen zijn vroeg of laat over seks gesproken wordt.

28 november 2003

Minister Marie Arena wil machogedrag gaan beboeten. Zo heb ik het graag. Handen uit de mouwen en slechte manieren aanpakken! Ik stuur haar enthousiast een kaartje met de mededeling: 'Je hebt groot gelijk, lekker ding!'

1 december 2003

Een mooi plan van de Wereldgezondheidsorganisatie. Tegen 2005 worden drie miljoen aids-lijders extra geholpen. Ik vraag mij af of ik de vensters open moet gooien en naar buiten roepen: 'Nog een jaartje volhouden, jongens!'

7 december 2003

Eddy Wally is er, na een ernstige ziekte, weer goed aan toe. Fantastisch! Maar echt verbazen doet het me niet. Hij overleeft alles! Zelfs een sprong uit een 'vliegmachien'.

10 december 2003

CD&V aanvaardt de fiscale amnestie. Yves Leterme gevraagd of hij dat echt meent: 'Tijdelijk. Maar voorlopig wil ik bij wijze van compensatie een bonus geven aan Belgen die altijd braaf belasting hebben betaald. Dat zal niet te veel gaan kosten... hahaha!'

14 december 2003
Janet Jackson stuurde een dvd'tje. Ze zal samen met Justin Timberlake optreden tijdens de *Super Bowl*. Op de dvd staan de repetities van dat optreden. Of ik wil zeggen wat ik ervan vind. Ik laat weten dat ik blij voor haar ben dat ze met haar borsten niet bij dezelfde dokters is geweest als Michael met zijn gezicht.

18 december 2003
Kolonel Kadhafi liet na lange tijd weer eens van zich horen. Hij wil zijn wapens ontmantelen:'Na het zien van die ontluisterende foto's van Saddam, waarop zijn gebit onderzocht wordt.' Ik vraag hem naar het waarom. Kadhafi: 'Ik ben bang voor de tandarts.'

20 december 2003
Journalisten blijven maar doorzagen over de borstvergroting van de nieuwe Miss België. Ik stuur een sms'je om haar op te beuren. Ze belt terug: 'Iedereen wil een Miss altijd maar horen zeggen dat ware schoonheid vanbinnen zit. Maar in feite is dat na zo'n operatie toch ook het geval?'

24 december 2003
Een bizarre kerstmail van Michael Jackson. Hij viert dit jaar voor het eerst geen Kerstmis, hij heeft zich aangesloten bij 'The Nation of Islam'. Hij droomt ervan om een goede moslim te worden. Maar volgens mijn Marokkaanse buurvrouw wordt hij uitsluitend moslim om hoofddoekjes te kunnen dragen.

25 december 2003
Agalev realiseert eerste programmapunt: de kerst 2003 was Groen!

26 december 2003
Aardbeving op kerstdag: kerstbam. Bam. Het is met zo een stadsnaam ook wel vragen om moeilijkheden. Het enige wat

nog werkt in Bam, zijn de fototoestellen en camera's van de pers. Hulpverleners mopperen over het gebrek aan coördinatie bij de Iraanse overheid. Bij ons leidt een aanrijding op de ring rond Brussel, waarbij een vrachtwagen een deel van zijn lading verliest, al tot een enorme chaos.

31 december 2003
In de trein naar Brussel hoor ik twee bewoners van de 'Noordrand' tegen elkaar spreken: 'Net nu iedereen zowat de gehele nacht opblijft om oud en nieuw te vieren zijn er haast geen nachtvluchten.'

1 januari 2004
Mijn voornemen voor 2004: stoppen met meeroken.

6 januari 2004
Een vrij late nieuwjaarswens van Laurent in de bus. 'Als Filip dit jaar eindelijk koning wordt, kunnen we met Fabiola, Paola en Mathilde op 06-01-05 "Drie Koninginnen" vieren.'

8 januari 2004
De oudste mens van België is dood, meldt de radioreporter met een verbaasde klank in zijn stem. Mij lijkt het sterven van juist die mens nochtans niet onverwacht. Zou de een na oudste stiekem hopen dat de oudste snel doodgaat? Om zelf nummer één te worden? Voor zover je na ruim honderd jaar over snel doodgaan kan spreken.

9 januari 2004
Tijdens de nieuwjaarsreceptie op de Franse ambassade werd vooral gesproken over Chirac, die de hoofddoekjes verbiedt. 'Het is tweede keus', zegt de Franse ambassadeur, 'Chirac en zijn ministers hadden veel liever cowboyhoeden verboden.' Zijn echtgenote relativeert de omvang van de maatregel. 'Niet overal! Uitsluitend op openbare Franse scholen wordt het dragen van hoofddoekjes verboden.' Het Marokkaanse meisje dat met de champagne rondgaat, fluistert lachend in mijn oor:

'Moslimjongens op die scholen iets verbieden zal moeilijk gaan, want die gaan niet naar school.'

14 januari 2004
De Gezinsbond wil de 'tik op de vingers' strafbaar maken. Daar ben ik het helemaal mee eens. Toch maar even gebeld naar de Gezinsbond om te vragen hoe een kleine, jonger dan vijf bijvoorbeeld, daarvan aangifte doet. En aan welke straf had men gedacht voor de dader? Het blijft even stil, maar dan hoor ik: 'Aan een stevige klets op de blote poep! Dat is uiteindelijk het enige wat helpt.'

26 januari 2004
Na het avondeten bel ik naar Justine Henin om haar met haar prestaties te feliciteren. Haar antwoord is verrassend: 'Eindelijk een Vlaming die dat doet. Helemaal zot word ik ervan, van die opgeklopte rivaliteit met Clijsters. Maar het is toch ook niet zo dat je bevriend moet zijn omdat je hetzelfde beroep hebt? Kijk naar De Gucht en Verhofstadt.' Net voor het einde vraagt ze of ik het nodig acht dat ze Nederlands gaat leren. 'Pourquoi?' zeg ik, 'Om dan met je eigen ogen te kunnen lezen en met je eigen oren te kunnen horen dat ze je in Vlaanderen niet mogen?'

4 februari 2004
Ramp bij de hadj, de traditionele bedevaart naar Mekka. 'Was in plaats van het hoofddoekje de veiligheidshelm maar verplicht voor wie op bedevaart gaat', hoor ik een progressieve imam verklaren op de Saoedische tv.

6 februari 2004
Een nieuw woord dringt zich op. 'Februarihitte'. Het weer is al net zo in de war als de mensen. 'Om een juiste voorspelling te doen hebben we geen KMI nodig, maar een psychiater!' zegt Eddy De Mey als ik hem erover opbel. Hij vindt het tof dat ik nog eens aan hem denk: 'De rest laat me in de kou staan.' Ik vroeg hem waar hij nu zoal mee bezig is. 'Ik ben aan

het onderzoeken of er ook bejaarden sterven omdat tijdens de winter de temperaturen te hoog zijn. Als het in de zomer warm is en in de winter koud, dan sterven er veel bejaarden. Maar wat gebeurt er omgekeerd?' Ik moet het antwoord schuldig blijven, maar Eddy zegt enthousiast: 'Misschien komen er dan wel bejaarden bij!'

9 februari 2004

Ik lees dat Ann Van Elsen is benaderd door zowel VLD als sp.a om op hun lijsten te staan. Wie niet, trouwens. Maar Ann moest er helemaal niets van hebben. 'Dat was voornamelijk om stemmen te lokken', vertelt ze misprijzend. Ze heeft gelijk natuurlijk. Maar staan er eigenlijk mensen op kieslijsten om geen stemmen te lokken?

14 februari 2004

Valentijn. Op straat kwam ik een oude vriend tegen die zich enorm ergerde aan de *commerce* die zich van 'Valentijn had meester gemaakt.' Bovendien snapte hij het hele gedoe niet. 'Door vandaag extra lief te zijn en met presentjes aan te komen maak je toch alleen maar schrijnend duidelijk dat je de rest van het jaar vreselijk tekortschiet.' Ik antwoordde dat je 'door vandaag geen cadeautje te kopen, bewijst zelfs op Valentijn te kort te schieten.' Hij maakte een wegwerpgebaar: 'Ach jongen, een gescheiden vent als ik geeft meer geld uit aan zijn ex dan al die verliefde torteltjes aan elkaar...'

28 februari 2004

De 'Omloop van het Volk' gaat niet door. Koud, naar weer en glibberige wegen verhinderen de opening van het Belgische Wielerseizoen. Gebeld met Museeuw om te vragen of hij dat erg vindt. 'Welnee, Geert, een koers hadden we toch niet gehad. Met dit weer en deze wegen had het peloton uren stil gestaan in een file...' Als ik hem bedank en wil inhaken zegt hij plots: 'Weet je dat de koppen voor de kranten al klaar waren? Peloton moet buigen voor Musneeuw!'

29 februari 2004
Toch wel gek, zo'n extra dag eens in de vier jaar. Worden we daardoor nu sneller oud?